Le wagamama cookbook

Hugo Arnold

Le wagamama cookbook

Hugo Arnold

LAROUSSE

21 Rue du Montparnasse 75283 Paris cedex 06

ÉDITON ORIGINALE

Titre original
wagamama, ways with noodles

Photographies Dite Isager **Styliste culinaire** Jacque Malouf **Stylisme** Tabitha Hawkins

Publié pour la première fois en Grande-Bretagne en 2006 par Kyle Cathie Limited

ÉDITION FRANÇAISE

Traduction Irène Lassus **Coordination éditoriale** Ewa Lochet **Mise en page** Natacha Marmouget
Lecture-correction Chantal Pagès assistée de Christine Jost **Fabrication** Annie Botrel

ISBN : 978-2-03-583520-8

sommaire

nouilles, garnitures, bouillons…

c'est de là que nous sommes partis. Ces trois éléments définissent la cuisine wagamama.

Les nouilles sont la base de la cuisine wagamama, bien que l'on y trouve aussi du riz. Si la cuisine wagamama est réputée pour ses soupes complètes *(ramen)*, notre passion va au-delà : les sautés, les salades, les recettes rapides, les plats pour enfants sont, eux aussi, notre fort.

Les nouilles sont synonymes de rapidité : elles sont faciles à préparer et à accompagner. En garniture, on peut choisir de la viande, du poisson, des légumes ou une combinaison des trois. C'est un aliment très sain, riche en sucres lents, pauvre en matières grasses et sans additifs. Les nouilles wagamama constituent une véritable alternative diététique et répondent à un désir de changement ; cette façon de se nourrir est ludique et saine, elle est aux antipodes des habitudes culinaires installées. De plus, la majorité des recettes font un généreux usage de légumes frais. Le poisson occupe, lui aussi, une place privilégiée comparé à la viande, pour répondre aux préoccupations alimentaires d'aujourd'hui.

Les pâtes existent depuis des siècles. Même si la question de savoir si les nouilles asiatiques précèdent les pâtes à l'occidentale ou vice versa reste posée, nous avons de toute façon une prédilection pour la version orientale et les parfums de soja, de gingembre, de menthe et d'herbes fraîches. Un plat réunissant ces ingrédients nourrit, flatte le palais et réconforte.

Les nouilles sont l'âme de la cuisine asiatique. On les retrouve au Japon, en Corée, en Chine, en Thaïlande, en Malaisie et jusqu'en

Indonésie. On les cuisine aussi bien dans les soupes qu'en accompagnement, sous forme de nids et d'enveloppes pour la viande, le poisson et les légumes ; elles se mangent en salade et avec du curry. Elles peuvent être cuites à l'eau, sautées, pochées dans un bouillon aromatique, et parfumées le plus souvent d'herbes fraîchement hachées.

Alors qu'en Italie les pâtes varient en fonction de leur forme, en Asie, leur variété dépend du type de farine : riz, blé, sarrasin, soja, pomme de terre. Les recettes diffèrent, mais, comme dans toutes les cuisines, certaines techniques et accompagnements sont plus appropriés que d'autres (voir p. 8-9). Les combinaisons de goûts, de textures et de saveurs sont infinies, elles dépendent des amidons. Les nouilles s'accordent avec tout, sans jamais décevoir. Essayez successivement le bœuf aux haricots noirs avec des nouilles aux œufs, puis avec des nouilles de riz : les deux combinaisons sont réussies. Dans un autre type de combinaison, essayez le canard épicé avec des nouilles aux œufs ou au sarrasin ; ou la soupe aux nouilles et aux asperges additionnée d'une généreuse poignée de soja, de coriandre et de graines de sésame grillées ; le résultat est tout à fait concluant.

Vous pouvez jouer avec toutes ces possibilités. La plupart des pâtes se conservent plusieurs semaines et davantage si elles sont sèches. Elles sont bon marché, faciles à cuire et nourrissantes, ce qui explique pourquoi on les trouve aussi bien dans les villages perdus des montagnes de Chine, qu'à Tokyo ou sur les plages thaïlandaises.

La cuisson des nouilles est simple : à l'eau bouillante non salée. Elles sont ensuite rafraîchies sous l'eau froide et agrémentées d'ingrédients variés. Le tout est rapide, impossible à rater. Vous préférez davantage de piment, moins de gingembre ou beaucoup d'ail ? Faites votre choix. Vous avez un faible pour les nouilles nature ou vous préférez les tremper dans une sauce ? Tout est possible. Nouilles épaisses ou fines ? À vous de choisir. Nous appliquons quelques règles, mais elles ne sont pas strictes pour autant. Vous ne pouvez pas réussir un *gyoza* (raviolis) avec des nouilles *udon*, mais vous pouvez remplacer les nouilles *ramen* par des *somen* si vous le souhaitez. Suivez vos envies et tentez l'aventure. Vous ne serez pas déçu.

1

2

3

tout sur les nouilles

Servies dans une multitude d'échoppes à travers toute l'Asie, les plats de nouilles savoureux, chauds, vite préparés ont inspiré la cuisine wagamama. Les nouilles asiatiques sont servies aussi bien en soupe que cuisinées. Elles se mangent chaudes ou froides. On peut les enrober de sauce, les frire, y envelopper d'autres ingrédients ou les façonner en nids. Elles sont épaisses ou fines, et sont fabriquées à base de riz, de blé, de haricots ou de pommes de terre. Elles cuisent vite, s'adaptent à tout et constituent un aliment sain, nourrissant et énergétique.

Dans le « langage » wagamama, le mot *ramen* désigne les nouilles mais aussi le bol dans lequel on les mélange au bouillon, aux légumes, à la viande et au poisson ; quelquefois, le mot désigne le plat lui-même, comme le *ramen wagamama* (voir p. 35).

La forme des nouilles n'est pas primordiale, même si elle joue un rôle. C'est surtout la manière de cuisiner qui importe. Dans un *ramen*, l'amidon contenu dans les nouilles doit se mélanger au bouillon. En revanche, pour obtenir de bonnes nouilles à servir séparément, l'amidon doit rester dans les pâtes, sinon elles sont difficiles à manger, surtout avec des baguettes.

Les nouilles n'aiment pas l'eau salée, c'est pourquoi on les assaisonnera une fois accommodées. Certaines se cuisent dans de l'eau bouillante, d'autres préfèrent l'eau simplement chaude. Elles sont meilleures précuites, ce qui facilite leur préparation et permet d'aller vite.

Chacun est libre de déguster les nouilles à sa manière. Au Japon elles sont aspirées ; c'est un peu bruyant, mais l'apport d'oxygène rehausse leur saveur. On nous demande souvent selon quel critère nous choisissons le type de nouilles pour un plat. La réponse n'est pas facile, mais les informations ci-dessous pourront vous aider dans vos choix.

Nouilles de riz (1) On les appelle *nouilles* ou *vermicelles*, selon qu'elles sont fines ou très fines. Pour attendrir les vermicelles, on les fait simplement tremper dans de l'eau chaude. Ils sont utilisés dans la préparation des salades, des soupes et des sautés. Les nouilles de riz peuvent être moyennes ou larges et, pour compliquer la distinction entre les variétés, chaque fabriquant possède sa propre appellation. Les plus larges (type tagliatelles) se préparent en sauté. Les nouilles de riz conviennent aux plats légers, aux bouillons clairs plutôt qu'aux sauces épaisses. Nourrissantes, elles sont assez insipides, mais s'imprègnent des saveurs des autres ingrédients. Elles ne contiennent ni gluten ni froment et se vendent sèches, le plus souvent sous forme de nids.

Feuilles de pâte (2) Appelées *wonton* (nous préférons le mot *gyozas*), *feuilles à wonton* ou *feuilles pour raviolis*, elles servent d'emballage. Rondes ou carrées, fines et délicates, elles peuvent envelopper une multitude d'ingrédients : viande, poisson, légumes et même des nouilles (voir les nouilles « de verre » ci-dessous). Selon la farce qu'elles contiennent, on les cuit au four, à la vapeur, en friture, on les poche à l'eau bouillante. On trouve des feuilles à base de farine de riz, blanches, qui servent par exemple à envelopper les rouleaux de printemps ; et des feuilles à base de blé et d'œufs, jaunâtres, (feuilles à wonton). Achetez-les fraîches ou congelées, ou encore sèches (pour les feuilles de pâte de riz).

4

Nouilles de sarrasin (3) Le sarrasin colore les nouilles en gris-brun et leur donne un délicieux parfum de noisette. En Corée, on appelle ces nouilles *naengmyon*, au Japon, *soba*. Elles se servent souvent froides mais aussi en soupe ; au Japon, on les mange au petit-déjeuner, trempées dans des sauces. En salade, elles sont à manipuler avec précaution. Riches et nourrissantes, les nouilles de sarrasin révèlent leurs qualités lorsqu'elles sont accompagnées d'une foule d'ingrédients et de garnitures. Elles sont en général vendues sèches ; la variété 100 % sarrasin ne contient ni gluten ni froment.

5

Nouilles transparentes (4) Appelées *nouilles « de verre »* ou *nouilles « Cellophane »*, elles sont plates, craquantes, translucides et gélatineuses. Elles offrent peu d'intérêt gustatif, mais apportent de la texture. Pour ne pas les briser (et les réduire en bouillie), on les accompagne idéalement d'une sauce légère, enrobant chaque ruban. Avant de les cuire, il faut les faire attendrir dans de l'eau chaude. Excellentes en salade, elles sont vendues sèches.

Nouilles de blé (5) Ces nouilles sans œufs s'accordent avec les ingrédients riches en protéines. Elles ont la réputation d'être les plus anciennes nouilles chinoises. En bouche, elles sont à la fois fermes et légèrement moelleuses. Les plus fines *(somen)* conviennent aux soupes, les plus épaisses *(udon)*, aux plats riches, où la sauce rivalise avec les autres ingrédients. Les nouilles *udon* sont consistantes, blanches, onctueuses, glissantes et absolument délicieuses. On les sert dans des soupes robustes et avec quelques sautés. Elles se vendent sèches.

Nouilles aux œufs (6) Fines ou épaisses, plates ou à section ronde, elles sont l'archétype de la nouille chinoise. Leur texture est riche et ferme, un peu comme celle des pâtes occidentales (avec lesquelles elles ne sont pas interchangeables), mais leur procédé de fabrication est différent. Les *ramen* sont des nouilles aux œufs. On les trouve aussi bien sèches que fraîches.

6

ミツカン
穀物酢
SRIRACHA HOT CHILLI SAUCE
FLYING GOOSE BRAND
清酒風
料理酒
発酵タイプ
HEINZ
57
TOMATO KETCHUP
STYLE NOODLE
DE BLE TENDRE
3人用
NO PRESERVATIVES
PEARL RIVER BRIDGE
生抽王
タカラ
本みりん
SAUCE DE SESAME
SESAM SOSSE
SESAM SAUS
the wagamama cookbook
Hugo Arnold
SQUID BRAND
FISH SAUCE
Sesame Oil

ingrédients

Basilic thaï
Ses tiges sont violettes et ses feuilles, vertes. Il a un goût fort, anisé, qui adoucit les plats tout en les aromatisant.

Ciboulette chinoise (photo p. 67)
Appelée parfois « ciboulette ail », à cause de sa saveur aillée, elle est plus puissante que la ciboule classique et possède des tiges plates. Elle s'achète dans les épiceries asiatiques. Si vous la remplacez par de la ciboulette, doublez la dose.

Champignons enoki
Bouquets serrés de champignons blanc crème, aux pieds fins et allongés. Cuits, ils doivent rester croquants. Leur saveur est délicate et discrète.

Champignons shiitake
Disponibles frais ou séchés. Frais, ils sont croquants et leur saveur est délicate. Séchés, ils sont aussi plus fermes et leurs parfums, plus concentrés et puissants. Faites tremper les champignons séchés de 15 à 20 minutes dans de l'eau.

Chou chinois fleuri *(choy sum)*
Chou vert tendre, avec de minuscules fleurs jaune pâle au bout de chaque tige intérieure. Toutes ses parties sont comestibles.

Dashi
Léger bouillon de poisson à base de kombu (voir plus loin) et de flocons de bonite séchée.

Dashi no moto
Dashi instantané en poudre, utilisé dans la cuisine quotidienne japonaise.

Feuilles de combava
Feuilles parfumées d'un petit agrume vert à l'écorce boursouflée. Une fois séchées ou congelées, elles perdent leur saveur. Fraîches, elles se conservent au réfrigérateur, enveloppées dans le film alimentaire.

Galanga
Rhizome issu de la même famille que le gingembre, mais au goût plus sec, plus poivré et plus épicé. Galanga et gingembre sont interchangeables, mais avec discernement.

Haricots noirs fermentés
Haricots de soja noir, salés, utilisés en assaisonnement. On les achète tout prêts.

Kamaboko-aka
Gâteaux cylindriques japonais, à base de poisson (voir photo p. 176). Ils sont traditionnellement blancs, entourés d'une croûte rose. Ils s'achètent chez les traiteurs asiatiques.

Katsuo bushi
Flocons de bonite (poisson apparenté au thon) séchée. On en parsème les salades ou les plats, mais ils servent surtout à la préparation du dashi (voir plus haut).

Kimchee
D'origine coréenne, le *kimchee* est une préparation fermentée à base de légumes (en général du chou chinois), de piments et de poisson. Les Coréens le préparent eux-mêmes, mais on le trouve dans les épiceries asiatiques.

Kombu
Algue au délicat goût de sel, vendue en lanières, séchée ou réhydratée.

Mirin
Vin de riz japonais sucré, à la saveur suave et piquante. En petite quantité, il ajoute douceur et rondeur aux plats.

Miso
Ce condiment varie d'une marque à l'autre. C'est une pâte à base de haricots de soja fermentés mélangés à d'autres ingrédients. La saveur du miso courant, rosé ou rouge, contenant du riz brun, est riche et puissante alors que le miso blanc est plus doux et plus délicat. Faites des essais.

Saké
Voir p. 187.

Sauce aux haricots jaunes
Mélange de haricots jaunes et de sel, épaissi à la farine. Il en existe deux versions : avec des haricots entiers ou des haricots écrasés. La dernière tend à être plus salée.

Sauce aux huîtres
Sauce épaisse, brun foncé, forte, préparée à partir d'un concentré d'huîtres cuites dans la sauce soja. On l'utilise en cuisine et comme condiment. Pour les végétariens, il existe une variante à base de champignons.

Sauce de poisson *(nam pla)*
Liquide clair, de couleur brun doré léger, extrait de poissons salés et fermentés, semblable au nuoc-mâm vietnamien. Sa saveur est piquante et salée. Une fois ouverte, la sauce se dégrade et devient de plus en plus foncée au fil du temps.

Sauce soja
Pour nos recettes et pour les plats cuisinés, préférez la sauce légère. La sauce soja concentrée, foncée, au goût plus fort, colore les plats. Elle s'utilise aussi en condiment.

Sauce hoisin
Épaisse sauce noire et épicée à base de soja fermenté.

***Shichimi* ou sept-épices**
Mélange épicé à base de piments et de poivre noir auquel on a ajouté, selon la formule, du sésame, du pavot, des algues nori ou des écorces d'orange. Il ajoute de la vivacité aux plats de nouilles soba et udon.

Tofu ou pâte de soja
À base de haricots de soja, le tofu est riche en protéines. Il existe du tofu ferme et du tofu soyeux : le premier s'utilise dans les plats cuisinés, le second en accompagnement ou en salade.

Vinaigre de riz japonais
De couleur bronze clair, son goût est léger, sucré, peu acide.

bouillons et préparations

On n'insistera jamais assez sur l'importance d'un bon bouillon. Le talent d'un grand cuisinier se mesure à l'aune de son bouillon. Au Japon, par exemple, la soupe miso, à base de bouillon, est le plat de référence. Le bouillon a plusieurs fonctions et doit répondre à un grand nombre de critères : il doit être bien assaisonné, mais pas trop ; il doit être doux, mais pas écœurant ; il doit être riche en saveurs, mais à condition de s'harmoniser avec les autres ingrédients.

Son élaboration prend du temps, ce qui nous fait souvent défaut. Chez wagamama, nous en préparons de grande quantité, en accord avec chacune de nos spécialités. Les recettes qui suivent, adaptées à la cuisine familiale, sont destinées à vous faciliter la tâche. Les bouillons simplifiés proposés ici vous donneront une idée du résultat idéal. Ils sont moins riches, mais mieux adaptés à la vie quotidienne et au temps dont vous disposez.

Il existe aussi dans le commerce des bouillons déshydratés. Faites des essais et ne retenez que le meilleur.

Toutes les recettes proposées dans ce livre demandent des préparatifs précis et une mise en place préalable à la cuisson du plat lui-même. Même si cette pratique peut paraître étrange et un peu frustrante, n'en faites pas l'économie, nous l'avons largement testée et adoptée.

autres indications

La façon de couper les ingrédients est très importante. Évitez les angles droits, ils sont désagréables à l'œil et en bouche. Les tranches en diagonale sont plus élégantes. Leur superficie plus grande permet de mieux absorber la chaleur et les différents parfums contenus dans le plat.

Le wok est utile mais pas indispensable. Une bonne poêle à frire fait l'affaire. De même, une fourchette remplace parfaitement les baguettes utilisées en Asie pour manipuler les ingrédients.

Faire sauter ne signifie pas faire frire. Il s'agit d'une cuisson rapide, à forte chaleur, où l'on déplace les aliments plutôt qu'on ne les remue ou les retourne. Utilisez cette technique sans modération, elle est essentielle.

Les proportions des recettes sont souvent prévues pour deux personnes, compte tenu qu'un repas est habituellement composé de deux ou trois plats. Adaptez les quantités à vos besoins.

bouillon de volaille (1) *quand vous n'êtes pas pressé*

1 kg de carcasses de poulet • 350 g d'os de porc • 1 oignon pelé et émincé • 2 carottes (50 g) émincées • 4 poireaux (350 g) émincés • 25 g de gingembre frais émincé • 4 feuilles de chou chinois, grossièrement hachées

Mettez les os de poulet et de porc dans une casserole, couvrez d'eau froide et chauffez jusqu'à la limite de l'ébullition. Baissez le feu et laissez frémir 2 heures en écumant régulièrement la surface.

Ajoutez les légumes et 1 litre d'eau, faites chauffer jusqu'à la limite de l'ébullition, baissez le feu et laissez frémir 1 heure. Ôtez du feu et laissez refroidir. Passez le bouillon au chinois (ou dans une passoire fine), reversez-le dans la casserole. Faites réduire en laissant le liquide frémir pendant 1 heure. Assaisonnez avec la préparation ci-dessous.

assaisonnement pour bouillon de volaille

2 cuill. à café de sel • 2 cuill. à café de sucre • 1 petite pincée de poivre blanc • 1 cuill. à café de dashi no moto (voir p. 11)

bouillon de volaille (2) *quand vous êtes pressé*

2 bouillons de volaille en tablette • 500 g de cuisses ou d'ailes de poulet • 1 poireau finement émincé • 1 carotte finement émincée

Réunissez les ingrédients dans une casserole, versez 1 litre d'eau et chauffez jusqu'à la limite de l'ébullition, baissez le feu et laissez frémir 30 minutes. Passez au chinois (ou dans une passoire fine) et assaisonnez.

bouillon de volaille (3) *quand vous devez manger tout de suite !*

2 bouillons de volaille en tablette • 1 poireau finement émincé • 1 carotte grossièrement hachée • 2,5 cm de gingembre frais grossièrement haché

Réunissez les ingrédients dans une casserole, ajoutez 1 litre d'eau, portez à ébullition, passez au chinois (ou dans une passoire fine) et dégustez.

bouillon de légumes (1) *quand vous n'êtes pas pressé*

4 feuilles de chou chinois • 450 g de pommes de terre épluchées • 1 petite patate douce • 2 carottes • 2 cuill. à soupe de tomates en boîte concassées • 1/2 courge musquée (petite) • 1 oignon blanc • 1 oignon rouge • 1 poireau

Hachez grossièrement tous les légumes, mettez-les dans une casserole et ajoutez 3 litres d'eau. Portez à ébullition, baissez le feu et laissez frémir 3 heures à découvert. Laissez refroidir et passez au chinois (ou dans une passoire fine). Assaisonnez avec la préparation ci-dessous.

assaisonnement pour bouillon de légumes

2 cuill. à café de sel • 2 cuill. à café de sucre • 1 pincée de poivre blanc

bouillon de légumes (2) *quand vous êtes pressé*

2 bouillons de légumes en tablette • 2 feuilles de chou chinois • 2 carottes grossièrement hachées • quelques feuilles de persil plat

Réunissez les ingrédients dans une casserole, versez 3 litres d'eau. Portez à ébullition, baissez le feu et laissez frémir de 10 à 15 minutes. Passez au chinois.

wagamama

sauces

Les sauces s'emploient de diverses façons. Elles se servent à part, pour y tremper des aliments, on peut les utiliser comme marinade, assaisonnement, garniture ou accompagnement. Dosez-les comme vous les aimez, avec parcimonie ou bien généreusement.

Certaines sauces s'achètent toutes prêtes – et vous en trouverez d'excellentes –, mais celles que vous réaliserez vous-même auront sans conteste plus de personnalité. La sauce soja, par exemple, entre dans la première catégorie, mais la sauce barbecue sera meilleure si vous la confectionnez vous-même. Il en va de même pour la pâte de curry, verte ou rouge, car les épices fraîchement écrasées et mélangées dégagent davantage d'arômes et parfument mieux les plats.

Toutes les sauces que vous trouverez ici se conservent bien au réfrigérateur et gardent leurs saveurs pendant un certain temps. Quant aux sauces prêtes à l'emploi, elles permettent d'ajouter au dernier moment cette pointe de caractère qui fait toute la différence. N'hésitez pas à les utiliser à contre-emploi : les sauces faites pour tremper les nouilles peuvent aussi bien servir à les arroser.

Bien que chaque plat soit associé à une sauce qui lui convient, vous pouvez les intervertir et créer vos propres associations, selon vos goûts.

pour 20 cl environ

250 g de piments rouges équeutés
3 gousses d'ail pelées, grossièrement hachées
100 g de sucre roux
2 cuill. à café de vinaigre de vin blanc
sel

sauce douce au piment

Réunissez tous les ingrédients dans une casserole avec 10 cl d'eau. Portez à ébullition et laissez frémir à feu doux 5 minutes environ. Réduisez en purée au mixeur et ajoutez 1 cuillerée à café à peine rase de sel. Versez la purée dans la casserole et laissez-la frémir 10 minutes en veillant à ce qu'elle n'attache pas. Laissez refroidir et mettez au réfrigérateur.

Certaines sauces au piment toutes prêtes sont trop douces et manquent de piquant, ce qui n'est pas le cas de cette recette. La sauce au piment douce se conserve indéfiniment au réfrigérateur et remplace délicieusement le ketchup dans un sandwich au bacon.

pour 2 ou 3 recettes

10 piments rouges séchés, trempés dans de l'eau chaude et grossièrement hachés
3 cm de gingembre frais ou de galanga, pelé et finement haché
2 tiges de citronnelle sans les feuilles extérieures, finement hachées
zestes de 2 citrons verts
1 cuill. à soupe de tiges de coriandre finement hachées
1 cuill. à soupe d'échalotes hachées
1 cuill. à soupe d'ail haché
1 cuill. à café de sucre roux
sel et poivre blanc
huile

pâte de curry rouge

Dans un mortier, pilez les ingrédients en les ajoutant progressivement les uns aux autres. Salez, poivrez et incorporez suffisamment d'huile pour obtenir une pâte.

Les pâtes de curry du commerce ne seront jamais aussi fraîches et aromatiques que la vôtre. Pour la conserver plusieurs semaines au réfrigérateur, recouvrez-la d'une fine couche d'huile.

pour 25 cl environ

20 cl de sauce teriyaki « maison » (voir p. 19) ou du commerce
7 cl de sauce aux haricots jaunes
1 tige de citronnelle sans les feuilles extérieures, finement hachée
1 cuill. à soupe de gingembre frais, pelé et râpé

sauce yasai soba

Mélangez intimement tous les ingrédients dans un mixeur.

Versez cette sauce sur les nouilles, servez-la à part ou arrosez-en légèrement un plat. Vous pouvez aussi l'employer pour tremper bouchées ou raviolis ou l'ajouter à une sauce de salade. Elle se conserve pendant des mois au réfrigérateur.

pâte de curry verte

pour 150 g environ

6 piments verts grossièrement hachés
1 tige de citronnelle sans les feuilles extérieures, finement hachée
3 feuilles de combava finement ciselées
1 bouquet de tiges de coriandre finement hachées (les feuilles serviront pour un autre plat)
1 cuill. à café de graines de cumin grillées à sec dans une poêle
2 gousses d'ail pelées, grossièrement hachées
1 cuill. à soupe d'échalotes finement hachées
1 cuill. à café de pâte de crevette (dans les épiceries asiatiques)
1 cuill. à soupe d'huile

Réduisez tous les ingrédients en purée dans un mixeur ou écrasez-les dans un mortier, à l'aide d'un pilon.

Comme la pâte de curry rouge (voir p. 16), la pâte de curry verte « maison » donne un parfum incomparable à vos plats. Vous pouvez bien sûr l'acheter dans le commerce, mais elle atteint rarement le niveau de celle-ci. Elle se garde longtemps au réfrigérateur.

sauce ramen au piment

pour 12 cl environ

2 cuill. à café à peine rases de sucre
2 cuill. à soupe de vinaigre de malt (ou de cidre)
3 cuill. à soupe de sauce douce au piment du commerce
5 cuill. à soupe de sauce de poisson (nam pla)

Dans une petite casserole, faites fondre à feu doux le sucre dans le vinaigre. Laissez refroidir et mélangez aux autres ingrédients.

Le sucre est largement présent dans les assaisonnements asiatiques et cette sauce le confirme. On en arrose légèrement les plats auxquels elle donne un goût corsé. Elle se conserve plusieurs semaines au réfrigérateur.

sauce teriyaki

pour 12 cl environ

110 g de sucre
4 cuill. à soupe de sauce soja claire
2 cuill. à soupe de saké
1 cuill. à café de sauce soja foncée

Dans une petite casserole, faites fondre à feu doux le sucre dans la sauce soja claire en remuant. Laissez frémir 5 minutes pour épaissir. Ajoutez le saké, la sauce soja foncée et laissez refroidir.

Cette sauce sert souvent de marinade : on en badigeonne la viande avant de la griller. Utilisez-la aussi pour tremper les nouilles ou pour arroser des nouilles en bouillon. Elle se conserve plusieurs semaines au réfrigérateur.

sauce barbecue

pour 20 cl environ

10 cl de sauce aux haricots jaunes
10 cl de sauce hoisin
2 cuill. à café de sucre
2 gousses d'ail pelées, finement émincées
1 cuill. à soupe d'huile de sésame grillé
1 pincée de poivre blanc
1 cuill. à soupe de sauce soja foncée
2 cuill. à soupe de sauce soja claire

Mélangez tous les ingrédients dans un bol.

Il existe de nombreuses sauces barbecue, chacune avec sa particularité. En modifiant les proportions des ingrédients de cette recette, vous pourrez en créer toute une variété. Cette sauce donnera de la vivacité à vos plats. Elle se conserve plusieurs jours au réfrigérateur.

sauce kare lomen

pour 12 cl environ

- 2 tiges de citronnelle sans les feuilles extérieures, grossièrement hachées
- 2,5 cm de galanga pelé, finement haché
- 2 gousses d'ail pelées, finement hachées
- 2 oignons pelés, grossièrement hachés
- 1 poivron rouge épépiné, grossièrement haché
- 1 cuill. à café de paprika doux
- 1 cuill. à café de graines de fenouil
- 1/2 cuill. à café de piment en poudre
- 1/2 cuill. à café de curcuma
- 1/2 cuill. à café de curry en poudre
- 1 cuill. à café de pâte de crevette (dans les épiceries asiatiques)

Réunissez tous les ingrédients dans un mixeur et réduisez-les en purée.

Cette sauce rouge et épicée, parfumée à la citronnelle et au galanga, est inspirée de la cuisine thaï. Elle se garde quelques jours au réfrigérateur.

sauce tori kara age

pour 75 cl environ

- 2,5 cm de gingembre frais, pelé et râpé
- 75 cl de sauce soja claire
- 5 cl de saké
- 1 cuill. à café de sucre
- 1 cuill. à soupe de sauce aux huîtres

Mélangez tous les ingrédients dans une casserole et chauffez doucement pour faire fondre le sucre. Laissez refroidir.

Gingembre et soja : une combinaison parfaite, toujours réussie. Cette sauce sert de marinade, on peut y tremper ou en arroser un peu tout ce que l'on souhaite, du poisson grillé, de la viande, des nouilles plongées dans un bouillon court, qu'elles soient garnies ou non. Elle se conserve plusieurs semaines au réfrigérateur.

ci-contre : sauce kare lomen

sauce au piment

pour 30 cl environ

2 cuill. à soupe d'huile
2 tiges de citronnelle sans les feuilles extérieures, finement hachées
1 cuill. à café de gingembre frais, pelé et râpé
1 piment finement haché
1 oignon rouge pelé, finement haché
2 gousses d'ail pelées, finement hachées
1/2 cuill. à café de sel
1/2 cuill. à café de sucre
1 cuill. à soupe de sauce soja claire
1 poivron rouge épépiné, finement haché
1 cuill. à soupe de sauce douce au piment du commerce
1 cuill. à soupe de ketchup
30 cl d'eau

Faites chauffer l'huile à feu doux. Ajoutez les huit premiers ingrédients et faites-les sauter 7 ou 8 minutes sans les laisser colorer. Ajoutez le poivron rouge et faites cuire entre 8 et 10 minutes. Incorporez les ingrédients restants, portez à ébullition et laissez frémir 10 minutes. Réduisez en purée dans un mixeur.

Cette sauce est à la fois ronde, fruitée et agréablement pimentée. Selon votre goût, atténuez son côté piquant en réduisant la quantité de piment. On l'utilise en général pour y tremper les aliments. Elle se conserve plusieurs jours au réfrigérateur.

sauce soja pour tremper

pour 2 personnes

2 cuill. à soupe de sauce soja
1 cuill. à soupe d'eau
1/2 cuill. à café de sucre
1/2 cuill. à café de gingembre frais, pelé et râpé
2 échalotes finement hachées
1 filet d'huile de sésame grillé

Mélangez tous les ingrédients, remuez pour faire fondre le sucre et servez.

On peut tremper les aliments dans cette sauce légère, savoureuse et parfumée, mais aussi en arroser certains plats, en finition. Elle se conserve plusieurs semaines au réfrigérateur.

pour environ 12 cl

2 cuill. à soupe de mirin (voir p. 11)
2 cuill. à soupe de saké
4 cuill. à soupe de sucre
110 g de pâte de miso (voir p. 11)
1 cuill. à soupe d'huile pimentée
1 cuill. à soupe d'huile
2 cuill. à soupe de shichimi
(voir p. 11)

sauce miso douce

Dans une casserole, portez à ébullition le mirin et le saké. Baissez le feu, ajoutez le sucre et remuez jusqu'à dissolution totale. Versez sur la pâte de miso et battez jusqu'à obtenir un mélange onctueux. Ajoutez les deux huiles et le shichimi et mélangez intimement.

Le miso donne aux plats un goût corsé. Ici, on l'utilise en assaisonnement, pour relever les préparations. Mais cette sauce est délicieuse en accompagnement avec des nouilles. Elle se conserve plusieurs jours au réfrigérateur.

pour environ 35 cl

1 grosse gousse d'ail pelée, finement hachée
1 gros piment rouge finement haché
sel
25 g de sucre
10 cl de vinaigre de malt (ou de cidre)
25 cl de sauce soja claire
1 cuill. à soupe d'huile de sésame grillé

sauce gyoza

Avec le plat du couteau, écrasez l'ail et le piment avec un peu de sel jusqu'à obtenir une pâte. Dans une casserole, faites fondre le sucre dans le vinaigre à feu doux. Mélangez le tout. Conservez dans un récipient hermétique.

Cette sauce est parfaite pour tremper toutes sortes d'ingrédients, notamment la viande et le poisson grillés. On peut aussi l'ajouter en assaisonnement. Elle se conserve plusieurs semaines au réfrigérateur.

ワガママ
wagamama
TAIWAN MAIXIEN NOODLES
請勿仿冒
a.com
wagamam
ORIENTAL STYLE NOODLE
DE BLE TENDRE
3人用
生うどん
キッコーマン

soupes

La cuisine wagamama repose sur les ramen, c'est-à-dire des nouilles, un délicieux bouillon, quelques légumes bien choisis et de la viande. C'est simple à cuire, facile à servir, savoureux et excellent pour la santé.

Nous n'avons rien inventé : les ramen existent dans les pays asiatiques depuis des siècles. Les échoppes qui les servent sont l'équivalent de nos fast-food, peut-être même sont-elles à leur origine. Tout y est simplicité.

Toutes les soupes sont réalisées selon le même principe : réunir plusieurs ingrédients dans un bol. Vous trouverez ici nos recettes les plus réussies, celles qui font naître des sourires de satisfaction et des soupirs de contentement. Les nouilles ont cet effet, surtout quand le bouillon est bon. On peut toujours simplifier la recette d'un bouillon, mais nous le déconseillons : même si tous les ingrédients ont leur importance, c'est le bouillon qui fait la soupe.

Un dernier mot concernant les bols : choisissez-les de bonne taille, larges et en mélaminé, car ils sont faciles à soulever et l'on peut les tenir sans se brûler les mains.

soupe au miso, tofu et nouilles somen

pour 2 personnes

100 g de nouilles somen
2 cuill. à soupe d'huile
sel et poivre blanc
100 g de tofu ferme découpé en cubes de 1 cm
1 oignon rouge pelé, finement émincé
1 petite pomme de terre épluchée, en tranches fines
1 carotte moyenne pelée
1 piment rouge épépiné, finement émincé
1 piment vert épépiné, finement émincé
25 cl de bouillon de volaille (voir p. 13)
30 g de pâte de miso blanche (voir p. 11)
1 cuill. à soupe de sauce soja
1 feuille de nori (algue)
2 cives, partie verte uniquement, finement émincées (pour servir)

Faites attendrir les nouilles selon les instructions données sur l'emballage. Égouttez-les et rafraîchissez-les.

Chauffez 1 cuillerée à soupe d'huile dans un wok chaud. Salez et poivrez le tofu et faites-le dorer sur toutes ses faces. Égouttez-le sur du papier absorbant.

Chauffez le reste d'huile dans le wok, ajoutez l'oignon et la pomme de terre et faites revenir à feu doux pendant 2 minutes. Ajoutez la carotte, les piments et faites cuire 1 minute. Versez 25 cl d'eau, le bouillon, incorporez le miso et le tofu. Ajoutez la sauce soja, salez et poivrez.

Portez à ébullition, baissez le feu et laissez frémir 5 minutes, jusqu'à ce que la pomme de terre soit cuite.

Pendant ce temps, coupez le nori en lanières. Faites-le rapidement chauffer (à peine 1 minute) dans une poêle, à sec, pour le rendre croustillant.

Répartissez les nouilles dans deux bols et versez la soupe. Parsemez de lanières de nori et de cive. Servez aussitôt.

soupe aux nouilles, tofu et laitue

pour 2 personnes

100 g de nouilles aux œufs
4 cuill. à soupe d'huile
sel et poivre blanc
100 g de tofu (fumé, si possible) découpé en cubes de 1 cm
1 carotte en julienne
2 cives finement émincées
1 cuill. à soupe d'échalotes finement émincées
2 gousses d'ail, finement émincées
50 cl de bouillon de légumes (voir p. 13)
1 cuill. à café de sauce soja
2 cuill. à café de sauce de poisson (nam pla)
1 cuill. à café rase de sucre
2 cuill. à café de mirin (voir p. 11)
1 petite laitue sucrine effeuillée

Faites cuire les nouilles selon les instructions de l'emballage. Égouttez-les et rafraîchissez-les sous l'eau froide. Faites chauffer le wok à feu vif, ajoutez 2 cuillerées d'huile. Salez, poivrez le tofu et faites-le dorer sur toutes ses faces. Égouttez-le sur du papier absorbant et réservez.

Essuyez le wok, remettez-le sur le feu et ajoutez l'huile restante. Faites revenir la carotte, la cive, l'échalote et l'ail pendant 2 minutes, jusqu'à ce que la carotte soit cuite. Versez le bouillon, la sauce soja, la sauce de poisson, le sucre, le mirin et portez à ébullition. Ajoutez la laitue, salez et poivrez à volonté.

Répartissez les nouilles et le tofu dans deux bols, versez dessus la soupe chaude et servez.

soupe aux trois champignons

pour 2 personnes

2 champignons shiitake séchés
75 g de nouilles ramen
2 cuill. à café d'huile
1 carotte épluchée, finement émincée
2 cuill. à café d'échalotes ciselées
50 g de champignons enoki détachés
25 g de petits champignons de Paris émincés
1 poignée de pousses d'épinards
1 poignée de haricots mange-tout finement émincés
30 cl de bouillon de volaille (voir p. 13)
1 feuille de kombu (algue)
2 cuill. à café de sauce soja
1/2 cuill. à café de sucre
2 cuill. à café de vinaigre de riz
1 cuill. à café de miso en pâte (voir p. 11)
2 cuill. à café rases de graines de sésame grillées à sec

Versez 15 cl d'eau bouillante sur les champignons et laissez gonfler. Faites cuire les nouilles selon les instructions de l'emballage. Égouttez-les et rafraîchissez-les sous l'eau froide.

Chauffez l'huile dans un wok, faites revenir la carotte et les échalotes pendant 5 minutes. Égouttez les shiitake (en réservant le liquide) et éliminez les parties dures. Émincez-les finement et ajoutez-les dans le wok avec tous les champignons, les épinards et les haricots. Faites revenir pendant 3 minutes.

Portez le bouillon à ébullition et ajoutez l'eau des champignons. Dans le wok, ajoutez le kombu, la sauce soja, le sucre, le vinaigre, le miso et les nouilles, secouez bien pour mélanger tous les ingrédients. Versez dessus le bouillon chaud et portez à ébullition.

Répartissez la soupe dans deux bols, parsemez de graines de sésame grillées et servez.

ci-contre : soupe aux nouilles, tofu et laitue

soupe verte aux fruits de mer et gingembre mariné

pour 4 personnes

- 200 g de nouilles aux œufs plates
- 1 cuill. à soupe d'huile
- 1 carotte épluchée, en julienne
- 2 tiges de citronnelle sans les feuilles extérieures, finement hachées
- 1 piment finement émincé
- 2 gousses d'ail pelées, émincées
- 2 feuilles de combava
- 200 g de raie
- 25 cl de bouillon de volaille (voir p. 13)
- 2 cuill. à soupe de vinaigre de riz
- 100 g de crevettes crues, décortiquées
- 4 noix de saint-jacques tranchées horizontalement
- 2 poignées d'épinards
- 1 petite laitue sucrine effeuillée
- sel et poivre blanc
- gingembre mariné

Faites cuire les nouilles selon les instructions données sur l'emballage. Égouttez-les et rafraîchissez-les.

Chauffez l'huile dans le wok et faites revenir la carotte, la citronnelle, le piment, l'ail et les feuilles de combava pendant 1 minute. Ajoutez la raie, le bouillon de volaille, le vinaigre et baissez le feu. Faites pocher la raie pendant 5 minutes en la retournant à mi-cuisson jusqu'à ce que la chair se détache de l'arête. Retirez du wok et laissez refroidir légèrement. Lorsque vous pouvez la manipuler, retirez la chair en l'effeuillant.

Ajoutez les crevettes, les saint-jacques, les épinards et la laitue au bouillon chaud. Salez et poivrez. Laissez mijoter à feu doux de 3 à 4 minutes pour faire tomber les feuilles et jusqu'à ce que les fruits de mer soient cuits. Incorporez les nouilles et la raie et secouez pour que tous les ingrédients soient bien mélangés et uniformément chauffés.

Répartissez la soupe dans quatre bols. Disposez dessus du gingembre mariné et servez.

soupe aux nouilles et aux fruits de mer

pour 4 personnes

- 1 cuill. à soupe d'huile
- 1 oignon rouge pelé, finement émincé
- 2 gousses d'ail pelées, hachées
- 2 tiges de citronnelle sans les feuilles extérieures, finement émincées
- 100 g de champignons de Paris
- 1/2 cuill. à café de sucre
- 2 cuill. à café de sauce de poisson (nam pla)
- 1 litre de bouillon de volaille (voir p. 13)
- 8 noix de saint-jacques
- 8 crevettes crues non décortiquées
- 16 moules dans leur coquille
- zeste et jus de 1 citron
- 100 g de nouilles aux œufs moyennes
- 1 piment rouge émincé
- 2 cuill. à café de graines de sésame grillées
- 3 cives finement émincées

Chauffez l'huile dans un wok et faites revenir l'oignon, l'ail, la citronnelle et les champignons finement émincés pendant 1 minute. Ajoutez le sucre, la sauce de poisson et le bouillon. Portez à ébullition.

Ajoutez les fruits de mer. Portez à ébullition. Incorporez le zeste et le jus de citron, les nouilles et le piment. Laissez frémir environ 3 minutes, jusqu'à ce que les nouilles et les fruits de mer soient cuits.

Répartissez dans quatre bols, arrosez d'huile de sésame et parsemez de cive.

soupe pimentée aux fruits de mer

pour 2 personnes

- 150 g de crevettes tigrées décortiquées, déveinées, carcasses réservées
- 1 litre de bouillon de légumes (voir p. 13)
- 1 piment vert épépiné, finement émincé
- 1/2 cuill. à café de sel
- 6 feuilles de combava
- 2 tiges de citronnelle écrasées
- 100 g de nouilles de riz
- 1 petit calamar découpé en anneaux
- 1 cuill. à soupe de sauce de poisson (nam pla)
- jus de 1 citron
- 6 champignons shiitake sans les pieds, finement émincés
- 2 cives finement émincées
- 6 pinces de crabe cuites, décortiquées
- 2 cuill. à soupe de coriandre grossièrement hachée

Dans une casserole, réunissez les carcasses de crevettes, le bouillon, le piment, le sel, les feuilles de combava et la citronnelle. Portez à ébullition, réduisez le feu et laissez frémir 30 minutes. Filtrez dans une autre casserole.

Faites cuire les nouilles selon les instructions données sur l'emballage. Égouttez-les et rafraîchissez-les sous l'eau froide.

Mélangez les crevettes, le calamar, la sauce de poisson, le jus de citron, les champignons et les cives. Salez et secouez délicatement.

Portez le liquide filtré à ébullition. Ajoutez le mélange de crevettes et de calamar ainsi que les pattes de crabe et laissez frémir 2 minutes. Goûtez et rectifiez l'assaisonnement, si nécessaire.

Répartissez les nouilles dans deux bols et couvrez de bouillon chaud. Servez parsemé de coriandre.

soupe aux œufs de caille et crevettes

pour 2 personnes

- 6 crevettes crues entières
- 50 cl de bouillon de volaille (voir p. 13)
- 2 cuill. à café de mirin (voir p. 11)
- 1 cuill. à soupe de sauce soja
- 2 cuill. à café de saké
- 3 cm de gingembre frais pelé, en julienne
- 1 gousse d'ail pelée, finement émincée
- 100 g de vermicelles de riz
- 1 poignée de haricots mange-tout
- 2 choux pak-choï effeuillés
- 4 œufs de caille
- 2 cives finement émincées
- 1 grosse poignée de feuilles de coriandre

Décortiquez les crevettes et réservez-les. Dans une casserole, réunissez les carapaces et les têtes de crevette, le bouillon, la sauce soja, le saké, le gingembre, et l'ail ; portez à ébullition. Laissez frémir 10 minutes puis retirez les carapaces.

Faites tremper les vermicelles selon les instructions de l'emballage, égouttez-les et rafraîchissez-les sous l'eau froide.

Faites cuire les haricots et le chou pendant 5 minutes dans le bouillon. Ajoutez les crevettes, laissez frémir 1 ou 2 minutes, puis ôtez du feu.

Répartissez les vermicelles dans deux bols, ajoutez les crevettes et les légumes. Faites pocher les œufs dans le bouillon à feu doux pendant 2 minutes. Déposez-les dans les bols et versez le bouillon. Rectifiez l'assaisonnement et servez garni de coriandre et de cives.

ramen épicé aux fruits de mer

pour 2 personnes

pour la marinade

2 cuill. à café de sauce de poisson (nam pla)
2 cuill. à café de mirin
2 cuill. à café de sauce soja
1 trait de Tabasco
2 cuill. à café de fécule de maïs

350 g de fruits de mer crus non décortiqués (crevettes, coquilles Saint-jacques, clams, moules)
sel et poivre blanc
75 g de nouilles ramen
35 cl de bouillon de volaille (voir p. 13)
1 bâton de cannelle
3 clous de girofle
1 cuill. à soupe de vinaigre de riz
1 cuill. à café de sucre
1 piment rouge (ou davantage) finement émincé
2 cuill. à café de sauce de poisson (nam pla)
50 g de mini-épis de maïs coupés en deux longitudinalement
50 g de courgette finement émincée
6 pousses de bambou marinées (menma)
5 g de wakame (fougère des mers) plongé 5 minutes dans de l'eau chaude, grossièrement émincé
4 cives finement émincées
quelques brins de cresson

Préparez la marinade en mélangeant au fouet la sauce de poisson, le mirin, la sauce soja, le Tabasco et la fécule. Salez et poivrez les fruits de mer, puis déposez-les dans la marinade en les enduisant de tous les côtés. Laissez reposer pendant 1 heure ou, mieux, toute une nuit au réfrigérateur.

Faites cuire les nouilles selon les instructions données sur l'emballage ; égouttez-les et rafraîchissez-les.

Portez à ébullition le bouillon avec la cannelle, les clous de girofle, le vinaigre, le sucre, le piment et la sauce de poisson. Ajoutez les fruits de mer, la marinade, le maïs, la courgette et laissez frémir 3 minutes, jusqu'à ce que les fruits de mer soient cuits.

Répartissez les nouilles dans deux bols, disposez dessus les fruits de mer et les légumes, puis versez le bouillon. Rectifiez l'assaisonnement. Servez garni de pousses de bambou, de wakame, de cives et de cresson.

soupe aux beignets de crevette

pour 2 personnes

- 100 g de nouilles ramen
- 1 petit œuf
- 60 g de farine
- huile pour friture
- 2 gousses d'ail pelées, hachées
- 1 poireau nettoyé, émincé
- 50 g de haricots mange-tout
- 1 carotte épluchée, finement émincée en diagonale
- 1 oignon pelé, émincé
- 2 cuill. à café de sauce soja
- 1 cuill. à soupe de vinaigre de riz
- 1 cuill. à soupe de sauce de poisson (nam pla)
- 2 étoiles de badiane (anis étoilé)
- 50 cl de bouillon de volaille (voir p. 13)
- 10 crevettes tigrées décortiquées
- 2 cuill. à café d'huile de sésame grillé
- sauce douce au piment du commerce

Faites cuire les nouilles selon les instructions données sur l'emballage ; égouttez-les et rafraîchissez-les.

Battez légèrement l'œuf dans un bol avec 10 cl d'eau glacée. Ajoutez la farine en la tamisant et mélangez délicatement pour obtenir une pâte liquide (ne la travaillez pas trop, sinon elle épaissit).

Dans un wok, chauffez 1 cuillerée à soupe d'huile et faites revenir pendant 2 minutes l'ail, le poireau, les haricots, la carotte, l'oignon, la sauce soja, le vinaigre, la sauce de poisson et l'anis. Versez le bouillon, portez à ébullition et laissez frémir 5 minutes.

Chauffez 3 cm d'huile à 180 °C dans un wok ou une poêle profonde. Versez un peu de pâte pour vérifier la température : elle doit faire des bulles et dorer. Trempez les crevettes dans la pâte et faites-les frire de 30 secondes à 1 minute. Égouttez-les et déposez-les sur du papier absorbant.

Versez la soupe et les nouilles dans deux bols. Formez un monticule de nouilles dépassant légèrement du bouillon. Arrosez d'huile de sésame et disposez les beignets. Servez avec la sauce au piment.

ramen wagamama

pour 2 personnes

- 150 g de tofu ferme
- huile de friture
- 250 g de nouilles ramen
- 4 tranches de kamaboko-aka (voir p. 11)
- 4 bâtonnets de crabe
- 1 œuf dur
- 4 crevettes cuites, décortiquées
- 2 choux pak-choï grossièrement hachés
- 1 litre de bouillon de volaille (voir p. 13)
- 2 blancs de poulet, sans la peau
- sel et poivre blanc
- 12 pousses de bambou marinées (menma), égouttées
- 1 cuill. à soupe de wakame (algue) plongé 5 minutes dans de l'eau chaude, égoutté et haché
- 2 cives émincées

Coupez le tofu en tranches de 1 cm et faites-le blondir environ 1 minute, sur les deux faces, dans un peu d'huile.

Faites cuire les nouilles selon les instructions données sur l'emballage ; égouttez-les et rafraîchissez-les. Répartissez-les dans deux bols avec le kamaboko-aka, les bâtonnets de crabe, le tofu, l'œuf coupé en deux, les crevettes et le chou.

Portez le bouillon à ébullition. Préchauffez le gril. Enrobez légèrement les blancs de poulet d'huile, salez, poivrez ; faites-les griller 4 minutes sur chaque face, jusqu'à ce qu'ils soient bien cuits. Laissez-les reposer 5 minutes et coupez-les en diagonale en tranches de 1 cm d'épaisseur.

Versez le bouillon sur les nouilles, déposez les blancs de poulet et garnissez de pousses de bambou, de wakame et de cives.

Cette soupe est la spécialité de la cuisine wagamama et son signe distinctif : du bouillon, des nouilles, une multitude d'ingrédients et de garnitures que l'on peut varier à l'infini.

ci-contre : soupe aux beignets de crevette

soupe au crabe et aux wonton

pour 4 personnes

1 crabe moyen cuit
huile
sel et poivre blanc
1 carotte grossièrement hachée
1 branche de céleri grossièrement hachée
1 oignon grossièrement haché
50 cl de bouillon de volaille (voir p. 13)
100 g de vermicelles de riz
2 œufs, jaune et blanc séparés pour l'un, le second légèrement battu
1 cm de gingembre frais, pelé et haché
2 cuill. à café de cives finement hachées
1 gousse d'ail pelée, hachée
tiges de 1 petit bouquet de coriandre effeuillée, finement hachées
8 feuilles à wonton
2 petits choux pak-choï nettoyés, effeuillés
1 poignée de haricots mange-tout
100 g de carotte épluchée, coupée en dés de 5 mm
100 g de céleri-rave épluché, coupé en dés de 5 mm
2 cuill. à café de sauce soja

Préchauffez le four à 200 °C (therm. 6-7). Fendez la carapace du crabe avec le dos d'un grand couteau et retirez l'intérieur en séparant la chair blanche des parties brunes. Jetez les branchies.

Posez la carapace dans un plat à rôtir, arrosez d'un peu d'huile d'olive, salez généreusement et enfournez pour 20 minutes. Sortez la carapace du four et mettez-la dans une casserole ; ajoutez la carotte, le céleri, l'oignon et versez le bouillon. Portez doucement à ébullition, écumez et laissez frémir 30 minutes ; écumez à nouveau si nécessaire. Incorporez le blanc d'œuf, laissez frémir 5 minutes puis baissez le feu.

Tapissez une passoire de deux couches d'étamine de coton humide, versez le bouillon et filtrez dans une casserole (cette opération est nécessaire pour obtenir un bouillon très clair).

Mélangez la chair brune du crabe avec le jaune d'œuf, le gingembre, la cive, l'oignon, l'ail et les tiges de coriandre hachées. Salez et poivrez. Déposez 1 cuillerée à café de ce mélange au centre de 4 feuilles à wonton, enduisez les bords de jaune d'œuf battu, couvrez d'une seconde feuille et fermez en chassant l'air emprisonné. Pochez les wonton dans de l'eau bouillante salée pendant 5 minutes, égouttez-les, rafraîchissez-les et réservez.

Faites blanchir le chou et les haricots dans la même eau pendant 15 secondes, égouttez-les et rafraîchissez-les.

Faites cuire les vermicelles selon les instructions données sur l'emballage ; égouttez-les et rafraîchissez-les.

Faites blanchir la carotte et le céleri pendant 1 minute dans de l'eau bouillante salée, rafraîchissez-les et répartissez-les dans deux bols. Ajoutez les wonton, les vermicelles et couvrez de bouillon clair. Ajoutez le chou, les haricots et la chair de crabe blanche. Parfumez avec la sauce soja et servez aussitôt.

ramen au saumon mariné

pour 2 personnes

pour la marinade

3 cm de gingembre frais, pelée et râpé
2 cuill. à café de mirin (voir p. 11)
2 cuill. à café de sauce soja
2 cuill. à café de sauce de poisson (nam pla)

2 morceaux de saumon (d'environ 150 g chacun)
sel et poivre blanc
100 g de nouilles ramen
50 cl de bouillon de volaille (voir p. 13)
2 cuill. à café de sauce de poisson (nam pla)
2 gousses d'ail pelées, hachées
1 carotte épluchée, en julienne
1/2 concombre épépiné, en julienne
50 g de haricots verts équeutés, coupés en deux dans le sens de la longueur
1 poignée de feuilles de coriandre

Mélangez les ingrédients de la marinade dans un bol. Salez et poivrez le saumon. Mettez-le dans la marinade, retournez-le plusieurs fois pour l'enrober. Laissez reposer 1 heure ou, mieux, toute une nuit au réfrigérateur.

Faites cuire les nouilles selon les instructions données sur l'emballage ; égouttez-les et rafraîchissez-les.

Mélangez le bouillon, la sauce de poisson et l'ail ; portez à ébullition. Ajoutez le saumon et la marinade, couvrez et laissez frémir 2 ou 3 minutes. Ajoutez la carotte, le concombre, les haricots et laissez frémir 2 ou 3 minutes sans trop faire cuire le saumon. Retirez le poisson et réservez au chaud.

Répartissez les nouilles dans deux bols puis versez la soupe et les légumes. Rectifiez l'assaisonnement. Disposez le poisson en dernier et parsemez de coriandre.

soupe de crabe à la vietnamienne

pour 2 personnes

200 g de vermicelles de riz
1 cuill. à soupe de sauce de poisson (nam pla)
1 cuill. à café de sucre
sel et poivre blanc
1 litre de bouillon de volaille (voir p. 13)
150 g de chair de crabe blanche émiettée
1 petite laitue sucrine finement émincée
2 cuill. à café de cives finement émincées
50 g de germes de soja
1 citron vert en quartiers

Faites cuire les vermicelles selon les instructions données sur l'emballage ; égouttez-les et rafraîchissez-les.

Dans une casserole, réunissez la sauce de poisson, le sucre, 1 bonne pincée de sel et le bouillon. Portez à ébullition, baissez le feu et laissez frémir doucement pendant 20 minutes.

Ajoutez la chair de crabe, rectifiez l'assaisonnement et ôtez du feu.

Répartissez les nouilles dans deux bols, versez le bouillon, puis ajoutez la laitue, la cive et les germes de soja. Servez avec les quartiers de citron.

ci-contre : ramen au saumon mariné

soupe au bar, légumes verts et nouilles ramen

pour 4 personnes

pour la marinade

2 cuill. à café de sauce soja
1 cuill. à soupe d'huile de sésame grillé
2 cuill. à café de sauce de poisson (nam pla)
2 cuill. à café de mirin (voir p. 11)
2 cuill. à café de fécule de maïs

200 g de filets de bar (avec peau) en morceaux de 3 cm de long
sel et poivre blanc
100 g de nouilles ramen
1 litre de bouillon de volaille (voir p. 13)
2 gousses d'ail pelées et hachées
3 cm de gingembre frais, pelé et râpé
1 cuill. à soupe de sauce de poisson (nam pla)
1 cuill. à soupe de vinaigre de riz
jus de 1 citron vert
1 poignée de haricots verts équeutés
2 cuill. à soupe de petits pois (décongelés, le cas échéant)
1 poignée d'épinards
1 poignée de feuilles de coriandre

Préparez la marinade en mélangeant la sauce soja, l'huile de sésame, la sauce de poisson et le mirin ; délayez la fécule dans ce liquide. Mettez le poisson dans la marinade, salez, poivrez. Laissez reposer 1 heure ou, mieux, toute une nuit au réfrigérateur.

Faites cuire les nouilles selon les instructions données sur l'emballage ; égouttez-les et rafraîchissez-les.

Dans une casserole, réunissez le bouillon, l'ail, le gingembre, la sauce de poisson, le vinaigre et le jus de citron ; portez à ébullition. Blanchissez les haricots dans ce mélange pendant 4 ou 5 minutes en les gardant croquants. Retirez-les avec une écumoire et rafraîchissez-les sous l'eau froide.

Ajoutez le poisson et la marinade au bouillon frémissant ; portez à ébullition pendant 2 minutes. Ajoutez les haricots, les petits pois, les épinards, les nouilles et laissez frémir 1 minute. Rectifiez l'assaisonnement.

Répartissez le contenu de la casserole dans quatre bols et servez parsemé de feuilles de coriandre.

soupe au poulet grillé, nouilles soba et miso

pour 2 personnes

pour la marinade
2 cuill. à café de sauce hoisin
1 cuill. à café de sauce de poisson (nam pla)
1 cuill. à café de mirin (voir p. 11)

1 blanc de poulet
75 cl de bouillon de volaille (voir p. 13)
1 cuill. à soupe de pâte de miso rouge (voir p. 11)
3 cm de gingembre frais, pelé et finement émincé
2 gousses d'ail pelées, émincées
200 g de nouilles soba
2 choux pak-choï grossièrement hachés
1 œuf dur écalé, coupé en deux

Pour la marinade, mélangez la sauce hoisin, la sauce de poisson et le mirin. Ajoutez le blanc de poulet et enrobez-le bien de marinade. Laissez reposer 1 heure ou, mieux, toute une nuit au réfrigérateur.

Faites griller le blanc de poulet 4 ou 5 minutes sur chaque face jusqu'à ce qu'il soit bien cuit.

Dans une casserole, réunissez le bouillon, le miso, le gingembre et l'ail ; portez à ébullition. Ajoutez les nouilles, le chou et laissez sur le feu 3 minutes, sans trop faire cuire les nouilles.

Versez la soupe dans deux bols en répartissant les nouilles et les légumes. Coupez le poulet en biais en tranches et posez celles-ci sur les nouilles. Ajoutez un demi-œuf dur et servez.

ramen de poulet épicé

pour 2 personnes

pour la marinade
2 cuill. à café de mirin (voir p. 11)
1 cuill. à soupe de sauce de poisson (nam pla)
1 piment rouge finement émincé
1 gousse d'ail pelée, hachée

150 g de poulet (cuisse et haut de cuisse) désossé, grossièrement haché
sel et poivre noir
75 cl de bouillon de volaille (voir p. 13)
2 étoiles de badiane (anis étoilé)
1 bâton de cannelle
1 cuill. à soupe de vinaigre de riz
1 cuill. à café de miel
2 choux pak-choï émincés
75 g de nouilles ramen
quelques brins de coriandre

Réunissez les ingrédients de la marinade dans un bol. Ajoutez le poulet, salez, poivrez et mélangez bien. Couvrez et laissez reposer 1 heure ou, mieux, toute une nuit au réfrigérateur.

Faites chauffer le bouillon avec la badiane, la cannelle, le vinaigre et le miel. Portez à ébullition, ajoutez le poulet et la marinade, le chou et les nouilles. Faites reprendre l'ébullition et laissez frémir 3 ou 4 minutes jusqu'à ce que la viande soit cuite. Écumez si nécessaire.

Répartissez dans deux bols, parsemez de coriandre et servez.

ci-contre : soupe au poulet grillé, nouilles soba et miso

ramen de porc au piment

pour 2 personnes

- 2 tranches de porc dans la pointe
- 2 cuill. à soupe de sauce barbecue (voir p. 19)
- 100 g de nouilles soba fines
- 50 cl de bouillon de volaille (voir p. 13)
- 1 cuill. à soupe de sauce ramen au piment (voir p. 18)
- 1 bouquet de coriandre effeuillée
- 1 bonne poignée de germes de soja
- 1 petit oignon rouge pelé, finement émincé
- 1 piment rouge épépiné, finement émincé
- 1 citron vert en quartiers
- sauce teriyaki (voir p. 19)

Réunissez la viande et la sauce barbecue dans un sac en plastique. Malaxez pour bien mélanger. Laissez reposer 1 heure ou, mieux, une nuit au réfrigérateur.

Faites griller le porc 3 ou 4 minutes sur chaque face, jusqu'à ce qu'il soit bien cuit. Laissez reposer et coupez les tranches en diagonale.

Faites cuire les nouilles selon les instructions données sur l'emballage ; égouttez-les et rafraîchissez-les.

Chauffez le bouillon. Mélangez les nouilles, la sauce au piment, la coriandre, les germes de soja, l'oignon et le piment ; répartissez dans deux bols. Versez le bouillon et disposez les tranches de viande. Servez avec les quartiers de citron et la sauce teriyaki à part (pour y tremper la viande).

Cette recette a été créée par Sjoerd Hoek, du restaurant wagamama d'Amsterdam.

soupe au porc, aux crevettes et nouilles aux œufs

pour 2 personnes

- 100 g de nouilles aux œufs moyennes
- 2 cuill. à soupe d'huile
- 2 gousses d'ail pelées, finement émincées
- 50 g de porc haché
- 25 g de crevettes crues décortiquées
- 75 cl de bouillon de volaille (voir p. 13)
- 1 cuill. à soupe de sauce de poisson (nam pla)
- 2 choux chinois nettoyés, les feuilles coupées en grosses lanières
- 2 cuill. à café d'huile de sésame grillé
- 2 cives finement émincées
- 50 g de germes de soja
- 1 cuill. à soupe de feuilles de coriandre
- 1 cuill. à soupe de cacahouètes grillées
- 1 citron vert en quartiers

Faites cuire les nouilles selon les instructions données sur l'emballage ; égouttez-les et rafraîchissez-les.

Dans une poêle, chauffez 1 cuillerée à soupe d'huile à feu moyen et faites revenir l'ail 1 minute jusqu'à obtenir une belle couleur dorée. Versez sur les nouilles, remuez et réservez.

Dans une casserole à fond épais, chauffez le reste d'huile à feu moyen et faites dorer la viande, pendant environ 5 minutes.

Ajoutez les crevettes, le bouillon, la sauce de poisson et portez à ébullition. Ajoutez le chou et laissez frémir 30 secondes. Rectifiez l'assaisonnement si nécessaire et ôtez du feu.

Répartissez les nouilles à l'ail dans deux bols, versez la soupe et ajoutez l'huile de sésame. Terminez par les cives, les germes de soja et la coriandre. Saupoudrez de cacahouètes hachées et servez avec les quartiers de citron.

ci-contre : ramen de porc au piment

pour 2 personnes

2 feuilles de tashima (laminaire séché)
100 g de nouilles udon
100 g de steak d'aloyau
50 cl de bouillon de volaille (voir p. 13)
sel et poivre blanc
1 cuill. à café de sauce soja
1 cive émincée
1 gousse d'ail pelée, écrasée

soupe claire au bœuf et au tashima

Découpez plusieurs lanières de tashima et réservez-les. Trempez le reste dans de l'eau chaude pendant 30 minutes. Égouttez, rincez soigneusement et coupez en morceaux de 5 cm.

Faites cuire les nouilles selon les instructions données sur l'emballage ; égouttez-les et rafraîchissez-les.

Découpez la viande en cubes. Portez le bouillon à ébullition. Salez et poivrez la viande, ajoutez-la au bouillon en remuant pour détacher les morceaux. Incorporez la sauce soja, la cive et l'ail ; écumez les impuretés. Baissez le feu et laissez mijoter 10 minutes. Ajoutez les nouilles et, après 5 minutes, les algues réhydratées ; rectifiez l'assaisonnement.

Répartissez le bouillon dans deux bols, garnissez avec les lanières de tashima et servez aussitôt.

pour 2 personnes

pour le bouillon
600 g d'os de bœuf
400 g d'os de porc
2 étoiles de badiane (anis étoilé)
1 bâton de cannelle
3 cm de gingembre frais, pelé et émincé
1 oignon coupé en quatre

100 g de nouilles udon
2 cuill. à soupe d'huile
2 gousses d'ail finement émincées
1 cuill. à soupe d'échalotes ciselées
200 g de romsteak paré, finement tranché
2 cuill. à soupe de sauce soja
2 cuill. à soupe de sauce de poisson (nam pla)
sel et poivre blanc
1 poignée de germes de soja
1 poignée de feuilles de coriandre
1 poignée de feuilles de menthe

soupe de bœuf riche

Réunissez tous les ingrédients du bouillon dans une casserole, couvrez de 2,5 litres d'eau froide et portez à ébullition. Écumez régulièrement la surface du bouillon pour éviter qu'il ne devienne trouble. Laissez mijoter 2 heures. Filtrez dans une casserole, portez à ébullition et laissez réduire de moitié pendant environ 30 minutes. Il doit rester environ 65 cl de bouillon.

Faites cuire les nouilles selon les instructions données sur l'emballage ; égouttez-les et rafraîchissez-les.

Chauffez l'huile dans un wok et faites dorer l'ail. Retirez-le du wok et réservez. Ajoutez les échalotes et faites-les dorer également. Retirez-les et réservez avec l'ail.

Répartissez les nouilles dans deux bols. Ajoutez le bœuf, la sauce soja et la sauce de poisson dans la casserole contenant le bouillon et laissez frémir 2 minutes pour que la viande soit juste cuite. Rectifiez l'assaisonnement.

Versez le bouillon et le bœuf sur les nouilles. Servez parsemé de germes de soja, de coriandre, de menthe, d'ail et d'échalotes croustillantes.

Ne réduisez pas le temps de cuisson du bouillon : pour qu'il soit bon, il doit cuire longtemps. C'est lui qui fait toute la saveur du plat.

ci-contre : soupe claire au bœuf et au tashima

wa

ワガママ
wagamama
LONDON

rouleaux, raviolis et cie

Les raviolis, rouleaux et autres chaussons sont une façon originale d'utiliser la pâte à nouilles. Rondes ou carrées, ces bouchées peuvent renfermer toutes sortes d'ingrédients, par exemple des légumes, hachés ou coupés fin. On en trempe certaines dans une sauce, d'autres réunissent toutes les saveurs dans leur farce. Quelquefois elles contiennent même des nouilles ; dans ce cas, on utilise plutôt les variétés transparentes (voir p. 9).

Ces pâtes farcies conviennent pour toutes les occasions. Parfaites pour les pique-niques, les buffets ou les apéritifs, elles se mangent sans façon, même avec les doigts. Cuites à la vapeur ou pochées, elles ont un petit côté moelleux et soyeux qui contraste avec l'intérieur, plein de surprises. Les bouchées frites ou cuites au four, plus croquantes, reçoivent en général des farces aux saveurs plus puissantes et plus corsées.

Si vous êtes pressé, vous pouvez tout simplement faire tremper les feuilles de pâte dans de l'eau pour ensuite les farcir de crudités ou d'une préparation cuite.

petits rouleaux aux légumes

pour 15 à 20 personnes

30 g de champignons chinois séchés
50 g de vermicelles de riz
1 gousse d'ail pelée, finement hachée
1 cuill. à soupe de cives finement hachées
100 g de châtaignes d'eau finement hachées
1 cuill. à soupe de sauce soja
1 cuill. à soupe de mirin (voir p. 11)
1 cuill. à soupe d'huile de sésame grillé
1 piment rouge en dés fins
1 cuill. à soupe de sauce de poisson (nam pla)
1/2 cuill. à café de sucre roux
50 g de germes de soja
1 cuill. à soupe de menthe grossièrement hachée
1 cuill. à soupe de coriandre grossièrement hachée
100 g de chou chinois finement émincé
sel et poivre blanc
sauce au piment (voir p. 22)

feuilles de pâte de riz de 16 ou 20 cm de diamètre

Trempez les champignons dans de l'eau bouillante pendant 10 minutes, coupez-les en dés fins en éliminant les parties dures.

Faites ramollir les vermicelles selon les instructions de l'emballage, égouttez-les et hachez-les grossièrement.

Mélangez les champignons avec les nouilles et les autres ingrédients. Salez et poivrez.

Trempez une feuille de pâte de riz pendant 1 ou 2 minutes dans de l'eau chaude jusqu'à pouvoir la plier. Retirez-la et remplacez-la par une seconde feuille. Déposez une bonne cuillerée de farce au centre de la feuille et roulez pour former comme un cigare en rabattant au fur et à mesure les bords vers l'intérieur. Disposez les rouleaux sur une assiette, raccord vers le bas. Garnissez tous les rouleaux de la même manière. Recouvrez-les d'une serviette humide en attendant de servir.

Accompagnez de sauce au piment.

Garnissez les feuilles de 16 cm de diamètre de 30 g de farce et les feuilles de 20 cm, de 40 g de farce.

rouleaux aux crevettes et à la mangue

pour 20 à 25 rouleaux

500 g de crevettes cuites, décortiquées
1 mangue pelée, en dés
zeste et jus de 1 citron vert
2 cuill. à soupe de sauce de poisson (nam pla)
2 cuill. à café de sucre roux
1 bonne poignée de germes de soja
feuilles de 1 petit bouquet de basilic thaï grossièrement hachées
feuilles de 1 petit bouquet de menthe grossièrement hachées
sel et poivre blanc

feuilles de pâte de riz de 20 x 20 cm ou 20 x 16 cm

Réunissez tous les ingrédients, salez, poivrez et mélangez.

Trempez une feuille de pâte de riz pendant 1 ou 2 minutes dans de l'eau chaude pour la ramollir. Retirez-la et remplacez-la par une seconde feuille. Déposez 1 bonne cuillerée de farce au centre de la feuille et roulez pour former comme un cigare en rabattant au fur et à mesure les bords vers l'intérieur. Déposez sur une assiette, raccord vers le bas. Garnissez tous les rouleaux de la même manière. Recouvrez-les d'une serviette humide en attendant de servir.

rouleaux aux fruits de mer

pour 30 à 40 rouleaux

1 poignée de germes de soja
2 cuill. à soupe de fenouil en dés fins
1 petite laitue sucrine finement émincée
2 cuill. à soupe de cives émincées
3 cm de gingembre frais pelé et râpé
2 gousses d'ail finement hachées
1 cuill. à soupe de sauce de poisson (nam pla)
1 cuill. à soupe de sauce soja
1 cuill. à café d'huile de sésame grillé
1 piment rouge en dés fins
feuilles de 1 bouquet de coriandre
jus de 1 citron vert
400 g de crevettes cuites, décortiquées
500 g de chair de crabe cuite (au moins 50 % de chair brune)
sel et poivre blanc

feuilles de pâte de riz de 20 ou 16 cm de diamètre

Réunissez tous les ingrédients, salez, poivrez et mélangez.

Trempez une feuille de pâte de riz 1 ou 2 minutes dans de l'eau chaude pour la ramollir. Retirez-la et remplacez-la par une seconde feuille. Déposez une bonne cuillerée de farce au centre de la feuille et roulez pour former un cigare en rabattant au fur et à mesure les bords vers l'intérieur. Déposez sur une assiette, raccord vers le bas. Garnissez tous les rouleaux de la même manière. Recouvrez-les d'une serviette humide en attendant de servir.

rouleaux aux crevettes en salade

pour environ 8 rouleaux

pour l'assaisonnement
zeste et jus de 1 citron vert
1 cuill. à café de sauce de poisson (nam pla)
1 cuill. à café de sauce hoisin
1 piment épépiné, finement émincé
1 gousse d'ail pelée, hachée

pour les rouleaux
100 g de crevettes cuites, décortiquées
1 poignée de germes de soja
50 g de petits pois congelés (décongelés)
1 carotte moyenne en julienne
2 cuill. à soupe de coriandre grossièrement hachée
2 cuill. à café de graines de sésame rapidement grillées à sec dans une poêle chaude

feuilles de pâte de riz vietnamiennes de 16 cm de diamètre
sauce douce au piment pour tremper (voir p. 16)

Mélangez tous les ingrédients de l'assaisonnement.

Dans un bol, rassemblez les crevettes, les germes de soja, les petits pois, la carotte, la coriandre et les graines de sésame. Versez l'assaisonnement et mélangez.

Trempez les feuilles une à une pendant 30 secondes dans un bol d'eau chaude. Retirez-les et déposez-les sur le plan de travail.

Déposez une généreuse cuillerée de farce au centre de chaque feuille. Rabattez un côté sur la farce, puis roulez en rabattant les bords pour fermer. Déposez les rouleaux au fur et à mesure sur une assiette, raccord vers le bas. Couvrez-les avec une serviette humide en attendant de servir.

Présentez les rouleaux sur un plat de service ou dans des assiettes individuelles et accompagnez-les de sauce douce au piment.

gyozas (raviolis) aux champignons et au poulet

pour environ 60 bouchées

- 30 g de champignons chinois séchés
- 200 g de poulet haché
- 2 gousses d'ail pelées, finement hachées
- 3 cm de gingembre frais pelé et râpé
- 100 g de chou chinois finement émincé
- 1 cuill. à soupe de sauce soja
- 1 cuill. à soupe de mirin (voir p. 11)
- 2 cuill. à soupe de cives finement hachées
- 1 cuill. à soupe d'huile de sésame grillé
- 1 piment rouge en dés fins
- 1 cuill. à soupe de sauce de poisson (nam pla)
- 1/2 cuill. à café de sucre
- 100 g de châtaignes d'eau en dés fins
- sel et poivre blanc

- 60 feuilles à wonton
- huile
- sauce gyoza (voir p. 23)

Trempez les champignons dans de l'eau bouillante pendant 10 minutes, coupez-les en dés fins en éliminant les parties dures. Ajoutez les autres ingrédients et mélangez avec les mains : la viande absorbe ainsi mieux les jus. Salez et poivrez.

Déposez une bonne cuillerée de farce au centre de chaque wonton. Humidifiez les bords avec un peu d'eau et repliez en forme de demi-lune. Appuyez bien pour souder les bords.

Chauffez une poêle 1 ou 2 minutes à feu moyen (elle doit pratiquement fumer) et versez-y 1 cuillerée à soupe d'huile. Baissez un peu le feu, déposez 4 à 6 raviolis dans la poêle et faites-les dorer doucement 1 minute sur chaque face. Travaillez par petites quantités pour éviter qu'elles ne cuisent dans leur propre jus.

Ôtez la poêle du feu, ajoutez 3 cuillerées à soupe d'eau et couvrez immédiatement. Remettez 1 minute sur le feu, puis retirez la poêle et laissez reposer 2 minutes pour que la chaleur diffuse uniformément. Faites de même pour tous les raviolis. Vous irez plus vite en utilisant deux poêles : chauffez la seconde au moment de verser l'eau dans la première.

Accompagnez les raviolis de la sauce gyoza. Servez une première fournée pendant que vous préparez la seconde, les gyozas sont meilleurs chauds.

gyozas (raviolis) au porc

pour environ 80 bouchées

150 g de chou chinois finement émincé
50 g de pousses de bambou finement hachées
450 g de porc haché
1 cuill. à soupe de sauce soja
1 cuill. à soupe de sauce de poisson (nam pla)
1 cuill. à soupe de mirin (voir p. 11)
2 cuill. à soupe d'échalotes finement hachées
3 cm de gingembre frais pelé et râpé
1 cuill. à soupe de graines de sésame rapidement grillées à sec dans une poêle chaude
1 cuill. à soupe de coriandre grossièrement hachée
1/2 cuill. à café de sucre
1 œuf légèrement battu
1 piment rouge épépiné, finement haché
sel et poivre blanc

80 feuilles à wonton
huile
sauce gyoza (voir p. 23)

Réunissez tous les ingrédients dans un bol et mélangez bien, de préférence avec les mains. Salez et poivrez.

Déposez une bonne cuillerée de farce au centre de chaque wonton. Humidifiez les bords avec un peu d'eau et repliez en forme de demi-lune. Appuyez bien pour souder les bords.

Chauffez une poêle pendant 1 ou 2 minutes à feu moyen (elle doit pratiquement fumer) et versez 1 cuillerée à soupe d'huile. Baissez un peu le feu, déposez 4 à 6 raviolis dans la poêle et faites-les dorer doucement pendant 1 minute sur chaque face. Travaillez par petites quantités pour éviter qu'elles ne cuisent dans leur propre jus.

Ôtez du feu, ajoutez 3 cuillerées à soupe d'eau et couvrez immédiatement. Remettez 1 minute sur le feu, puis retirez la poêle et laissez reposer 2 minutes pour que la chaleur diffuse uniformément. Faites de même pour tous les raviolis. Vous irez plus vite en utilisant deux poêles : chauffez la seconde au moment de verser l'eau dans la première.

Servez avec la sauce gyoza.

gamama

eat-out
wagamama

vite fait

Dans les restaurants wagamama, les recettes rapides préparées avec des nouilles sont prêtes en 10 minutes au plus. Seules les nouilles sont précuites, tous les autres ingrédients sont préparés à la demande. Nous aimons cette façon de faire et encore plus son résultat. Les plats ne sont servis que lorsque leur cuisson est parfaite, c'est meilleur pour la santé, pour le palais et pour le moral.

Les recettes proposées ici sont relativement rapides. Commencez par couper soigneusement tous les ingrédients. Une fois dans le wok chaud, le chou pak-choï fond en quelques secondes, le blanc de poulet et les coquilles Saint-Jacques dorent en moins de temps qu'il n'en faut pour le dire. Tout va très vite.

Le secret de cette cuisine aux nouilles rapide réside dans le choix des ingrédients : il faut privilégier ceux qui avec peu de chaleur donnent le meilleur d'eux-mêmes. Autre condition : ils doivent être correctement coupés.

Nous avons parfois envie de manger vite des plats peu compliqués, mais la cuisine rapide exige autant de soins que la cuisine élaborée. Rapide, beau et bon. Pourquoi pas ?

nouilles à la ciboulette et au piment

pour 2 personnes

75 g de cacahouètes fraîches
100 g de nouilles aux œufs moyennes

pour la sauce

1 ou 2 piments rouges épépinés, finement hachés
4 brins de ciboulette chinoise (voir p. 11) finement hachés
2 cuill. à soupe de vinaigre de riz
zeste et jus de 1/2 citron

2 cuill. à soupe d'huile
1 oignon rouge pelé et haché
1 gousse d'ail pelée et écrasée
1 poivron rouge épépiné, finement émincé
125 g de courgettes émincées
1 poignée de pousses d'épinards

Préchauffez le four à 200 °C (therm. 6-7) et faites griller les cacahouètes pendant 5 ou 6 minutes sur une plaque. Laissez-les refroidir dans une assiette puis hachez-les grossièrement.

Faites cuire les nouilles selon les instructions données sur l'emballage ; égouttez-les et rafraîchissez-les.

Préparez la sauce : mélangez au fouet le piment, la ciboulette, le vinaigre, le jus et le zeste de citron. Réservez.

Chauffez l'huile dans un wok et faites fondre les oignons pendant 2 ou 3 minutes. Ajoutez l'ail, le poivron rouge, les courgettes et faites blondir pendant 4 minutes à feu moyen. Incorporez les cacahouètes et poursuivez la cuisson 1 minute.

Ajoutez les nouilles, les épinards et remuez l'ensemble pour faire suer les épinards et réchauffer les nouilles. Versez la sauce et mélangez pour que tous les ingrédients en soient bien enrobés. Rectifiez l'assaisonnement et servez aussitôt.

nouilles soba aux épinards

pour 2 personnes

- 100 g de nouilles soba
- 1 cuill. à soupe d'huile
- 3 gousses d'ail pelées, écrasées
- 3 cm de gingembre frais pelé et râpé
- 250 g de pousses d'épinards nettoyées
- 1 cuill. à soupe de sauce aux huîtres
- 1 cuill. à soupe d'huile de sésame grillé
- jus de 1 citron vert
- 2 cuill. à café de graines de sésame rapidement grillées à sec dans une poêle chaude
- 1 piment épépiné, finement haché

Faites cuire les nouilles selon les instructions données sur l'emballage ; égouttez-les et rafraîchissez-les.

Chauffez l'huile dans un wok et faites revenir l'ail, le gingembre et les épinards pendant 2 minutes. Ajoutez les nouilles, remuez une fois, ôtez du feu et versez la sauce aux huîtres et l'huile de sésame.

Arrosez de jus de citron, parsemez de graines de sésame et du piment, puis servez.

nouilles épicées aux légumes

pour 2 personnes

- 100 g de vermicelles de riz
- 1 cuill. à soupe d'huile
- 2 gousses d'ail pelées, finement hachées
- 3 cm de gingembre frais pelé et râpé
- 2 tiges de citronnelle sans les feuilles extérieures, finement hachées
- 1 cuill. à soupe d'échalotes finement hachées
- 2 piments rouges, finement hachés
- 1 cuill. à café de curry en poudre
- 1 petite laitue sucrine finement émincée
- 1 concombre épépiné, en bâtonnets
- 1 poignée de haricots mange-tout coupés en deux dans la longueur
- 1 cuill. à soupe de sauce soja
- 1/2 cuill. à café de sucre roux
- sel et poivre

Faites cuire les vermicelles selon les instructions données sur l'emballage ; égouttez-les et rafraîchissez-les.

Chauffez l'huile dans un wok et faites revenir l'ail, le gingembre, la citronnelle, l'échalote et les piments pendant 1 minute. Ajoutez le curry, la laitue, le concombre, les haricots, la sauce soja, les nouilles et remuez pour bien enrober tous les ingrédients. Salez, poivrez et servez.

ci-contre : nouilles soba aux épinards

poivron rouge et pak-choï aux nouilles udon épicées

pour 2 personnes

150 g de nouilles udon
2 gousses d'ail pelées, hachées
1 cuill. à soupe de crevettes séchées, trempées dans de l'eau chaude, égouttées et hachées
3 cm de gingembre frais, pelé et émincé
2 tiges de citronnelle sans les feuilles extérieures, finement hachées
1 cuill. à soupe d'oignon rouge finement haché
1 bouquet de coriandre
3 cuill. à soupe d'huile
1 poivron rouge épépiné, finement émincé
1 chou pak-choï grossièrement haché
1 ou 2 piments finement hachés

Faites cuire les nouilles selon les instructions données sur l'emballage ; égouttez-les et rafraîchissez-les.

Réunissez tous les ingrédients (sauf l'huile, le poivron rouge, le chou et le piment) dans un mortier et réduisez-les en pâte. Incorporez 2 cuillerées à soupe d'huile en remuant.

Chauffez l'huile restante dans un wok. Ajoutez la pâte et faites revenir 2 minutes, jusqu'à lui faire dégager un parfum de cuit. Ajoutez les légumes et poursuivez la cuisson pendant 2 minutes. Incorporez les nouilles et mélangez de manière à enrober tous les ingrédients. Rectifiez l'assaisonnement.

Servez saupoudré de piments hachés.

nouilles rapides aux légumes

pour 2 personnes

100 g de nouilles aux œufs plates
1 cuill. à soupe d'huile
2 piments épépinés, en dés fins
2 gousses d'ail pelées, finement hachées
3 cm de gingembre frais, pelé et râpé
1 oignon rouge pelé, en 8 quartiers
100 g de haricots coco plats équeutés, en tronçons de 6 cm
1 poivron rouge épépiné, en lanières
1 cuill. à soupe de sauce soja
2 cuill. à soupe de saké
1 cuill. à café de sucre roux
1 cuill. à soupe de sauce aux huîtres

Faites cuire les nouilles selon les instructions données sur l'emballage ; égouttez-les et rafraîchissez-les.

Chauffez l'huile dans un wok et faites revenir les piments, l'ail et le gingembre pendant 30 secondes. Ajoutez les légumes et faites-les suer pendant 5 à 6 minutes en ajoutant 1 cuillerée à soupe d'eau à mi-cuisson. Versez la sauce soja, le saké, le sucre et la sauce aux huîtres. Ajoutez les nouilles et mélangez pour enrober tous les ingrédients. Servez aussitôt.

crevettes pimentées aux nouilles soba

pour 2 personnes

- 150 g de nouilles soba
- 1 cuill. à café d'huile de sésame grillé
- 2 cuill. à soupe de vinaigre de riz
- 1 cuill. à soupe de sauce soja
- 2 cuill. à café de sucre roux
- 1 cuill. à café rase de pâte de piment chinoise (dans les épiceries asiatiques)
- 1 cuill. à soupe d'huile
- 250 g de crevettes tigrées crues, décortiquées, grossièrement hachées
- 2 cives finement émincées
- 3 cm de gingembre frais, pelé et finement haché
- 1 gousse d'ail pelée, écrasée
- quelques feuilles de coriandre

Faites cuire les nouilles selon les instructions données sur l'emballage ; égouttez-les et rafraîchissez-les.

Dans un bol, réunissez le vinaigre, la sauce soja, le sucre et la pâte de piment.

Chauffez l'huile dans un wok et faites revenir les crevettes, les cives, le gingembre et l'ail pendant 1 ou 2 minutes.

Incorporez le mélange au piment et laissez cuire 1 minute. Ajoutez les nouilles et mélangez bien pour enrober tous les ingrédients et les réchauffer.

Parsemez de coriandre et servez.

pour 2 personnes

100 g de nouilles udon
1 cuill. à soupe d'huile
3 cm de gingembre frais, pelé et râpé
2 gousses d'ail pelées, hachées avec une pincée de sel
1 pincée de cinq-épices chinois
1 cuill. à soupe de sauce aux haricots noirs
6 à 8 noix de saint-jacques
2 poignées de pousses d'épinards
1 bouquet de menthe effeuillé
5 cl de bouillon de volaille (voir p. 13)
1 cuill. à soupe de sauce soja
1 pincée de sucre
2 cuill. à café d'huile de sésame grillé
2 cuill. à café de sauce douce au piment (voir p. 16)
2 cives finement émincées

saint-jacques épicées aux épinards et à la menthe

Faites cuire les nouilles selon les instructions données sur l'emballage ; égouttez-les et rafraîchissez-les.

Chauffez l'huile dans un wok et faites revenir le gingembre, l'ail, le cinq-épices, la sauce aux haricots noirs et les saint-jacques pendant 2 minutes. Ajoutez les épinards, les feuilles de menthe, le bouillon, la sauce soja, le sucre et l'huile de sésame ; laissez mijoter 1 minute pour faire réduire le liquide. Rectifiez l'assaisonnement. Incorporez les nouilles et remuez pour enrober tous les ingrédients et les réchauffer.

Servez arrosé de sauce douce aux piments et parsemez de cives.

nouilles au saumon et aux shiitake

pour 2 personnes

100 g de nouilles chinoises plates
5 champignons shiitake séchés
1 cuill. à soupe d'huile
1 oignon pelé, finement émincé
1 carotte pelée, finement émincée
2 gousses d'ail pelées et écrasées
3 cm de gingembre frais pelé et râpé
200 g de saumon frais coupé en cubes de 3 cm
2 cuill. à soupe de sauce soja
10 cl de bouillon de volaille (voir p. 13)
2 cuill. à café de fécule de maïs délayée dans 2 cuill. à soupe d'eau
sel et poivre blanc

Faites cuire les nouilles selon les instructions données sur l'emballage ; égouttez-les et rafraîchissez-les. Faites tremper les champignons dans 12 cl d'eau bouillante.

Chauffez l'huile dans un wok et faites revenir l'oignon, la carotte, l'ail, le gingembre et le saumon pendant 1 minute. Ajoutez la sauce soja, couvrez, baissez le feu et laissez frémir 2 minutes.

Égouttez les champignons et réservez leur eau. Émincez-les finement après avoir éliminé les parties dures. Versez le bouillon de volaille dans le wok, puis les champignons avec leur eau de trempage et la féculé délayée. Portez à ébullition, ajoutez les nouilles et mélangez en veillant à ne pas briser les dés de saumon. Salez, poivrez et servez aussitôt.

nouilles au saumon et au pak-choï

pour 2 personnes

pour la marinade
1 cuill. à soupe de sauce soja
1 cuill. à soupe de saké
2 gousses d'ail pelées et hachées
3 cm de gingembre frais pelé et râpé

100 g de filets (ou de darnes) de saumon sans la peau coupés en dés
100 g de nouilles somen
1 cuill. à soupe d'huile
2 choux pak-choï coupés en 4 quartiers
1 cuill. à café de fécule de maïs délayée dans un peu d'eau froide
2 cuill. à soupe de sauce soja
60 cl de bouillon de volaille (voir p. 13)
2 cuill. à soupe de saké

Mélangez tous les ingrédients de la marinade, ajoutez le saumon et retournez les morceaux pour bien les enrober. Laissez reposer 1 heure ou, mieux, toute une nuit au réfrigérateur.

Faites cuire les nouilles selon les instructions données sur l'emballage ; égouttez-les et rafraîchissez-les.

Chauffez l'huile dans le wok, faites revenir le saumon et le chou pendant 2 minutes. Mélangez la fécule de maïs et la sauce soja et versez dans le wok avec le bouillon et le saké. Laissez frémir 3 ou 4 minutes, jusqu'à ce que le poisson soit cuit et que la sauce épaississe.

Ajoutez les nouilles, remuez pour bien les enrober et servez.

ci-contre : nouilles au saumon et aux shiitake

nouilles au poulet et à la sauce aux haricots noirs

pour 2 personnes

- 100 g de nouilles aux œufs moyennes
- 1 cuill. à café de fécule de maïs
- 1 cuill. à soupe de sauce soja
- 2 cuill. à soupe d'huile
- 150 g de poulet désossé (pilon ou cuisse), coupé en petits morceaux
- 1 poivron vert épépiné, coupé en morceaux de 3 cm
- 2 cuill. à soupe de haricots noirs fermentés, rincés, grossièrement hachés
- 4 gousses d'ail pelées, finement hachées
- 3 cm de gingembre frais, pelé et haché
- 1 piment épépiné, finement haché
- 60 cl de bouillon de volaille (voir p. 13)
- 1 cuill. à soupe de saké

Faites cuire les nouilles selon les instructions données sur l'emballage ; égouttez-les et rafraîchissez-les.

Délayez la fécule dans la sauce soja.

Chauffez l'huile dans un wok, ajoutez le poulet, le poivron vert et faites revenir 2 minutes. Incorporez les haricots noirs, l'ail, le gingembre et le piment, et poursuivez la cuisson pendant 3 ou 4 minutes, en veillant à ne pas trop faire cuire le poulet. Versez le bouillon, la fécule délayée et le saké. Laissez frémir 2 minutes.

Répartissez les nouilles et le contenu du wok dans deux assiettes et servez aussitôt.

soupe au poulet, aux épinards et nouilles soba

pour 2 personnes

- 150 g de nouilles soba
- 50 cl de bouillon de volaille (voir p. 13)
- 1 blanc de poireau finement émincé
- 2 cuill. à soupe de sauce soja
- 2 cuill. à café de sauce de poisson (nam pla)
- 1 cuill. à soupe de saké
- 150 g de blanc de poulet coupé en cubes
- 2 poignées de pousses d'épinards lavées, grossièrement hachées
- 2 cuill. à café de graines de sésame rapidement grillées à sec dans une poêle chaude

Faites cuire les nouilles selon les instructions données sur l'emballage ; égouttez-les et rafraîchissez-les.

Portez le bouillon à ébullition, ajoutez le poireau, la sauce soja, la sauce de poisson et le saké. Laissez cuire pendant 10 minutes. Baissez le feu, ajoutez le poulet et laissez frémir doucement de 4 à 5 minutes. Ajoutez les épinards, portez à ébullition et ôtez du feu.

Répartissez les nouilles dans deux bols et versez la soupe par-dessus. Saupoudrez de graines de sésame et servez aussitôt.

nouilles au poulet sauté

pour 2 personnes

pour la marinade

2 cuill. à soupe de sauce soja
2 cuill. à soupe de mirin (voir p. 11)
1 cuill. à café de sucre

100 g de cuisse de poulet désossée, en cubes de la taille d'une bouchée
sel et poivre blanc
100 g de nouilles aux œufs moyennes
1 cuill. à soupe d'huile
2 gousses d'ail pelées, finement hachées
1/2 poivron rouge épépiné, finement émincé
1 poignée de haricots mange-tout émincés dans le sens de la longueur
2 cuill. à café d'huile de sésame grillé
2 cuill. à café de graines de sésame rapidement grillées à sec dans une poêle chaude
1 bouquet de coriandre effeuillé

Dans un bol, réunissez les ingrédients de la marinade, ajoutez le poulet et mélangez intimement. Salez, poivrez et réservez pendant 1 heure ou, mieux, toute une nuit au réfrigérateur.

Égouttez le poulet et réservez la marinade.

Faites cuire les nouilles selon les instructions données sur l'emballage ; égouttez-les et rafraîchissez-les.

Faites chauffer l'huile dans un wok et faites revenir l'ail pendant 30 secondes. Ajoutez les morceaux de poulet, faites-les sauter 2 minutes. Ajoutez le poivron, les haricots et la marinade et faites revenir encore 2 minutes. Incorporez les nouilles, l'huile de sésame et remuez pour enrober et réchauffer tous les ingrédients.

Servez arrosé d'un filet d'huile de sésame et parsemez de coriandre.

nouilles au poulet sauté et à la saucisse

pour 2 personnes

100 g de nouilles de riz plates
2 cuill. à soupe d'huile
1 œuf battu, salé et poivré
2 gousses d'ail pelées, finement hachées
1 piment rouge épépiné, finement haché
100 g de blanc de poulet en cubes (de la taille d'une bouchée)
50 g de saucisse de porc en tranches
1 chou pak-choï en grosses tranches longitudinales
1 cuill. à café de sucre roux
1 cuill. à soupe de sauce soja
1 poignée de germes de soja
60 g de kamaboko-aka en tranches (voir p. 11)
2 cives finement émincées

Faites cuire les nouilles selon les instructions données sur l'emballage ; égouttez-les et rafraîchissez-les.

Versez 1 cuill. à soupe d'huile dans un wok chaud. Versez l'œuf et remuez le wok de façon à en tapisser le fond. Laissez cuire 1 minute, ôtez du feu et laissez refroidir. Roulez cette omelette et découpez-la en fines lanières.

Versez le reste d'huile et faites revenir l'ail et le piment pendant 30 secondes. Ajoutez le poulet, la saucisse et le chou. Faites revenir de 3 à 4 minutes jusqu'à ce que le poulet soit cuit.

Incorporez le sucre, la sauce soja, les germes de soja et le kamaboko-aka en même temps que les nouilles et l'omelette. Remuez pour bien réchauffer l'ensemble.

Servez parsemé de cives.

poulet et champignons sautés aux nouilles somen

pour 2 personnes

100 g de nouilles somen
1 cuill. à soupe d'huile
2 blancs de poulet coupés en dés (de la taille d'une bouchée)
75 g de petits champignons de Paris finement émincés
75 g de champignons shiitake finement émincés
3 cm de gingembre frais pelé et râpé
2 gousses d'ail pelées et écrasées
2 cuill. à café de sauce soja
1 cuill. à café de saké
1 cuill. à café de mirin (voir p. 11)
1 citron vert coupé en quartiers
1 poignée de feuillés de coriandre

Faites cuire les nouilles selon les instructions données sur l'emballage ; égouttez-les et rafraîchissez-les.

Chauffez l'huile à feu doux dans un wok et faites revenir le poulet, les champignons, le gingembre et l'ail de 2 à 3 minutes. Versez la sauce soja, le saké, le mirin et 2 cuillerées à soupe d'eau. Poursuivez la cuisson pendant 2 minutes jusqu'à ce que le poulet soit cuit.

Incorporez les nouilles en mélangeant bien pour les réchauffer. Servez avec les quartiers de citron vert, parsemé de feuilles de coriandre.

ci-contre : nouilles au poulet sauté et à la saucisse

nouilles soba au porc

pour 2 personnes

200 g de filet de porc en tranches fines
1 cuill. à soupe de sauce char siu (sauce barbecue chinoise, dans les épiceries asiatiques)
1/2 cuill. à café de cinq-épices
1/4 de cuill. à café de cannelle
2 cuill. à soupe de saké
100 g de nouilles soba épaisses
1 cuill. à soupe d'huile
60 g de chou chinois fleuri (choy sum, voir p. 11)
50 g de petits champignons de Paris émincés
1 poignée de germes de soja
1/2 poivron rouge épépiné, finement émincé
2 cives finement émincées
2 cuill. à soupe de sauce yasai soba (voir p. 16)
2 œufs légèrement battus
1 cuill. à soupe de kimchee finement émincé (voir p. 11)
1 cuill. à café de graines de sésame

Dans un sac en plastique, réunissez le porc, la sauce char siu, le cinq-épices, la cannelle, le saké. Laissez mariner 12 heures au réfrigérateur. Faites cuire les nouilles selon les instructions données sur l'emballage ; égouttez-les et rafraîchissez-les.

Chauffez l'huile dans un wok et ajoutez successivement, les nouilles, le porc, le chou chinois, les champignons, les germes de soja, le poivron, les cives, la sauce yasai soba et les œufs. Remuez bien et faites revenir pendant 6 ou 7 minutes.

Servez saupoudré de graines de sésame et de kimchee.

Cette recette a été créée par Geraldo Suwu du restaurant wagamama d'Amsterdam.

nouilles au bœuf sauté et au brocoli

pour 2 personnes

150 g de nouilles aux œufs moyennes
100 g de fleurettes de brocoli
2 cuill. à soupe d'huile
150 g d'aloyau de bœuf en petites tranches fines
2 gousses d'ail pelées et écrasées
3 cm de gingembre frais pelé et râpé
1 cuill. à soupe de sauce soja
1 cuill. à soupe de sauce de poisson (nam pla)

Faites cuire les nouilles selon les instructions données sur l'emballage ; égouttez-les et rafraîchissez-les.

Blanchissez les fleurettes de brocoli 2 ou 3 minutes dans de l'eau bouillante salée. Égouttez-les et rafraîchissez-les sous l'eau froide.

Chauffez l'huile à feu moyen dans un wok et faites revenir la viande, l'ail et le gingembre pendant 3 ou 4 minutes, sans trop faire cuire la viande. Ajoutez les nouilles, le brocoli, la sauce soja et la sauce de poisson. Mélangez bien pour réchauffer l'ensemble.

Rectifiez l'assaisonnement et servez.

nouilles au bœuf à l'aigre-doux

pour 2 personnes

100 g de nouilles aux œufs moyennes
1 cuill. à soupe d'huile
2 gousses d'ail pelées, finement hachées
3 cm de gingembre frais, pelé et finement haché
150 g d'aloyau de bœuf en lanières fines
$^1/_2$ poivron rouge épépiné, finement émincé
2 cuill. à soupe de fécule de maïs
2 cuill. à soupe de sauce soja
1 cuill. à café de sucre
10 cl de bouillon de volaille (voir p. 13)
1 cuill. à soupe de mirin (voir p. 11)
1 cuill. à soupe de vinaigre de riz
jus de 1 citron vert
2 cuill. à soupe de petits pois congelés (décongelés)
1 poignée de germes de soja
1 bouquet de coriandre effeuillé
2 cives finement émincées

Faites cuire les nouilles selon les instructions données sur l'emballage ; égouttez-les et rafraîchissez-les.

Chauffez l'huile dans un wok et faites revenir l'ail et le gingembre pendant 30 secondes. Ajoutez le bœuf, remuez, puis mettez le poivron et faites revenir 3 minutes. Délayez la fécule dans la sauce soja et versez dans le wok avec le sucre, le bouillon, le mirin et le vinaigre. Mélangez bien et laissez frémir 1 minute pour faire épaissir légèrement. Ajoutez les nouilles, le jus de citron, les petits pois et les germes de soja. Laissez mijoter le tout pendant 3 minutes.

Servez parsemé de feuilles de coriandre et de cives.

ci-contre : nouilles au bœuf sauté et au brocoli

emily

qui vient dîner ce soir ?

Pour recevoir vos amis sans façon, optez pour les nouilles qui vous évitent des cuissons compliquées. La mise en place est simple, la cuisson courte et sans stress, et, pour le service, il suffit de posséder quelques bols. Vous pouvez tout préparer à l'avance ou mettre vos amis à contribution. La cuisson se fait à la dernière minute, il y a peu de risques de la rater.

En Asie, les échoppes à nouilles reposent sur le même principe : pour que le service soit rapide, tout doit être prêt à l'avance. On coupe les ingrédients, on cuit les nouilles, on réserve et on attend les invités. Le secret réside dans le dosage des différents éléments, car il ne faut pas trop préparer à l'avance. Il serait dommage de réchauffer, alors que la cuisson ne prend que quelques minutes.

Les recettes proposées ici sont très conviviales. Commencez par une feuille de laitue farcie aux saint-jacques et aux nouilles, puis, à table, servez un saumon teriyaki avec une salade de crudités aux nouilles soba ou des crevettes façon thaïe avec des cacahouètes et du piment, ou encore du bœuf à la sauce aux haricots noirs et aux nouilles.

Finissez par une salade pour rafraîchir le palais. Quand il fait chaud, servez une salade d'été avec du gingembre mariné (gari) et, quand le temps est moins clément, une salade aux champignons marinés avec des nouilles « de verre ».

pour 12 personnes

50 g de vermicelles de riz cassés en morceaux de 6 cm
huile
12 noix de saint-jacques tranchées horizontalement
1 gousse d'ail pelée et écrasée
3 cm de gingembre frais pelé et râpé
1 cuill. à soupe de sauce soja
1 cuill. à soupe de sauce hoisin
sel et poivre blanc
12 petites feuilles de laitue sucrine
1/2 concombre épépiné, en fine julienne
1 poignée de germes de soja
1 cuill. à soupe d'échalotes frites (dans les épiceries asiatiques), facultatives
quartiers de citron vert
sauce soja pour tremper (voir p. 22)

feuilles de laitue aux saint-jacques et aux nouilles

Faites cuire les vermicelles selon les instructions données sur l'emballage ; égouttez-les et rafraîchissez-les.

Chauffez un peu d'huile dans un wok et faites légèrement blondir les saint-jacques pendant 2 minutes. Ajoutez l'ail, le gingembre et faites revenir 1 minute. Versez la sauce soja et la sauce hoisin, incorporez les nouilles. Salez, poivrez et ôtez du feu.

Pour servir, disposez les feuilles de laitue sur un plat. Déposez 2 moitiés de saint-jacques dans chaque feuille avec quelques nouilles, du concombre et des germes de soja. Parsemez d'échalotes frites. Servez accompagné de quartiers de citron et de sauce soja.

pour 2 personnes

100 g de nouilles aux œufs
2 cuill. à soupe d'huile
1 poignée de mini-épis de maïs
1 poivron rouge épépiné, en lanières
fleurettes de 1 petite tête de brocoli
1 grosse cuill. à soupe de pâte de curry verte (voir p. 18)
20 cl de lait de coco
200 g de pousses de bambou en boîte, égouttées et rincées
1 poignée de haricots mange-tout
1 poignée de feuilles de coriandre

nouilles au curry vert

Faites cuire les nouilles selon les instructions données sur l'emballage ; égouttez-les et rafraîchissez-les.

Chauffez l'huile dans un wok et faites revenir les épis de maïs, le poivron et le brocoli pendant 5 minutes jusqu'à ce qu'ils prennent couleur. Incorporez la pâte de curry et laissez cuire 1 minute jusqu'à ce que l'ensemble dégage une odeur de cuit. Versez le lait de coco et 10 cl d'eau, puis ajoutez les pousses de bambou et les haricots. Laissez cuire 2 minutes. Ajoutez les nouilles et mélangez bien.

Rectifiez l'assaisonnement et servez parsemé de feuilles de coriandre.

ci-contre : feuilles de laitue farcies aux saint-jacques et aux nouilles

pour 3 ou 4 personnes

pour la sauce douce au gingembre
2 cuill. à soupe de sauce soja
1 cuill. à café de sauce de poisson (nam pla)
1 cuill. à soupe de sucre
3 cm de gingembre frais pelé et râpé

100 g de nouilles somen brisées en morceaux de 6 cm
12 crevettes tigrées crues décortiquées, avec leur queue, salées et poivrées
1 feuille de nori (algue) en 12 lanières de 9 cm de long
huile pour friture

bâtonnets de bambou

crevettes habillées de nouilles frites

Préparez la sauce pour tremper en réunissant, dans une casserole, la sauce soja, la sauce de poisson, le sucre et le gingembre. Portez à ébullition et laissez mijoter 3 minutes pour faire épaissir. Filtrez et laissez refroidir.

Versez de l'eau bouillante sur les nouilles et laissez tremper 2 minutes. Égouttez avec soin et séchez en tapotant avec un torchon.

Piquez un bâtonnet dans chaque crevette, de la queue à la tête. Posez une lanière de nori sur une planchette, déposez dessus, à angle droit, une petite poignée de nouilles, de la longueur d'une crevette. Humidifiez la partie de nori visible et enroulez-la autour de la crevette et des nouilles en collant les extrémités. Faites de même pour chaque crevette.

Versez 4 cm d'huile dans une poêle profonde et chauffez à feu moyen. Plongez les crevettes dans l'huile chaude par petites quantités et laissez cuire 3 minutes en les retournant de temps en temps, jusqu'à ce que les nouilles soient croquantes et dorées.

Égouttez sur du papier absorbant et servez avec la sauce au gingembre.

pour 2 personnes

100 g de nouilles de riz larges
2 cuill. à soupe d'huile
1 cuill. à soupe de pâte de curry rouge (voir p. 16)
12 grosses crevettes crues
2 gousses d'ail pelées et écrasées
2 petits choux pak-choï émincés dans le sens de la longueur
1 poignée de petits pois
6 mini-épis de maïs
1 petit bouquet de coriandre (feuilles à part, tiges hachées)
10 cl de lait de soja
jus de 1 citron vert
1 cuill. à soupe de sauce de poisson (nam pla)
2 cuill. à café de sucre roux
1 cuill. à soupe de cacahouètes grillées, sel et poivre blanc

crevettes façon thaïe aux cacahouètes et au piment

Faites cuire les nouilles selon les instructions données sur l'emballage ; égouttez-les et rafraîchissez-les.

Chauffez l'huile dans un wok et ajoutez la pâte de curry. Faites revenir pendant 2 minutes, puis ajoutez les crevettes décortiquées et l'ail. Laissez cuire pendant 4 minutes, jusqu'à ce que les crevettes rosissent. Versez dans un bol et réservez.

Dans le wok, faites revenir le chou, les petits pois, le maïs et les tiges de coriandre pendant 3 ou 4 minutes, jusqu'à ce que les légumes blondissent.

Ajoutez les crevettes, le lait de soja, le jus de citron, la sauce de poisson et le sucre. Salez et poivrez, incorporez les nouilles et laissez cuire 3 ou 4 minutes.

Servez saupoudré de cacahouètes et de feuilles de coriandre.

ci-contre : crevettes habillées de nouilles frites

teriyaki de saumon et salade de nouilles udon

pour 2 personnes

2 filets de saumon
3 cuill. à soupe de sauce soja
3 cuill. à soupe de mirin (voir p. 11)
150 g de nouilles udon
1 piment rouge finement haché
2 cives finement hachées
1 grosse poignée de pousses d'épinards
1 bouquet de coriandre effeuillé, les tiges finement hachées
1 cuill. à soupe d'huile
2 cuill. à café de graines de sésame rapidement grillées à sec dans une poêle chaude
1 citron vert
sauce douce au piment pour tremper (voir p. 16)

pour la sauce

2 cuill. à café d'huile de sésame grillé
2 cuill. à café de sauce soja foncée
jus de 1 citron vert

Dans un bol, réunissez le saumon, la sauce soja et le mirin. Remuez pour bien enrober le poisson et laissez mariner 2 heures ou, mieux, toute une nuit au réfrigérateur.

Faites cuire les nouilles selon les instructions données sur l'emballage ; égouttez-les et rafraîchissez-les rapidement (elles doivent rester tièdes).

Dans un saladier, mélangez les ingrédients de la sauce, versez les nouilles et remuez. Ajoutez le piment, les cives, les épinards, la coriandre et mélangez. Répartissez dans deux assiettes.

Chauffez l'huile dans une poêle. Retirez le saumon de la marinade, salez et poivrez. Faites-le saisir 2 minutes côté peau, retournez-le et faites revenir encore 2 minutes. Retournez-le à nouveau et laissez cuire 2 minutes jusqu'à ce que la peau soit croustillante.

Déposez le saumon, peau vers le bas, sur les nouilles. Saupoudrez de graines de sésame. Servez avec 1 demi-citron et la sauce au piment douce.

lotte aux nouilles chinoises et à la coriandre

pour 2 personnes

pour la marinade

1 cuill. à café de fécule de maïs
3 cm de gingembre frais pelé et râpé
2 gousses d'ail pelées et râpées
2 cuill. à café de sauce soja
2 cuill. à café de sauce aux huîtres
1 cuill. à soupe d'huile

200 g de lotte coupée en morceaux de 4 x 2 cm
sel et poivre blanc
100 g de nouilles aux œufs moyennes
1 cuill. à soupe d'huile
1 cuill. à café de fécule de maïs
1 cuill. à café de sauce soja
1 cuill. à café de sauce aux huîtres
1 pincée de sucre roux
1 cuill. à café d'huile de sésame grillé
5 cl de bouillon de volaille (voir p. 13)
1 gros bouquet de coriandre juste coupé à la base des feuilles
1 cuill. à soupe de cives finement émincées

Dans un bol, réunissez les ingrédients de la marinade. Ajoutez les morceaux de lotte et enrobez-les de marinade. Salez et poivrez. Laissez reposer 1 heure ou, mieux, toute une nuit au réfrigérateur.

Faites cuire les nouilles selon les instructions données sur l'emballage ; égouttez-les et rafraîchissez-les.

Chauffez l'huile dans un wok et faites revenir le poisson avec sa marinade pendant 3 ou 4 minutes, jusqu'à ce qu'il soit cuit. Délayez la fécule dans la sauce soja et la sauce aux huîtres, ajoutez le sucre. Versez dans le wok avec l'huile de sésame et le bouillon ; laissez frémir 30 secondes. Ajoutez la coriandre et poursuivez la cuisson pendant 30 secondes. Incorporez les nouilles et mélangez bien pour réchauffer le tout. Ôtez du feu et rectifiez l'assaisonnement.

Servez parsemé de cives.

Le goût de la coriandre est puissant. Pourtant n'hésitez pas à en user et en abuser. Ici, elle s'utilise presque comme un légume.

cailles marinées aux nouilles sautées

pour 2 personnes

pour la marinade

1 cuill. à soupe de sauce soja
1 gousse d'ail pelée et hachée
2 cuill. à café de miel
1 cuill. à soupe de mirin (voir p. 11)
1 cuill. à café de sauce de poisson (nam pla)
2 cuill. à café de jus de citron vert

2 cailles découpées en crapaudine (voir la note ci-dessous)
125 g de nouilles aux œufs fraîches (ou 75 g de nouilles sèches)
3 cuill. à soupe d'huile
75 g d'agarics champêtres
75 g de haricots mange-tout
8 mini-épis de maïs coupés en deux dans la longueur
3 cm de gingembre frais pelé et râpé
2 cuill. à café de sauce soja
2 cuill. à café de fécule de maïs
10 cl de bouillon de volaille (voir p. 13)
1 cuill. à soupe de sauce aux huîtres
1 cuill. à soupe de mirin (voir p. 11)

Dans un grand bol, réunissez les ingrédients de la marinade et mélangez-les bien. Ajoutez les cailles et enrobez-les de marinade.

Faites cuire les nouilles selon les instructions données sur l'emballage ; égouttez-les et rafraîchissez-les.

Chauffez l'huile dans un wok. Éliminez la marinade sur les cailles à l'aide d'un pinceau (en réservant la marinade) et saisissez la viande à feu moyen sur les deux faces pendant 5 ou 6 minutes (si le feu est trop chaud, la marinade brûle). Les cailles doivent être dorées et cuites. Retirez-les du wok et réservez au chaud.

Nettoyez le wok. Versez-y la marinade, ajoutez les champignons, les haricots, le maïs, le gingembre et faites revenir à feu vif pendant 2 ou 3 minutes.

Délayez la fécule dans la sauce soja. Versez-la dans le wok avec les ingrédients restants en remuant pour éviter la formation de grumeaux. Lorsque l'ensemble frémit, ajoutez les nouilles et remuez pour bien les enrober de sauce.

Versez le contenu du wok dans un plat et servez avec les cailles.

Pour réaliser la découpe en crapaudine, fendez le dos de la caille dans la longueur, de part et d'autre de la colonne vertébrale. Retirez ensuite l'os et aplatissez la caille en pressant fortement des deux mains de façon à briser l'os du bréchet.

poulet et crevettes en cocotte

pour 4 personnes

- 12 crevettes tigrées crues décortiquées
- 150 g de poulet désossé (cuisse ou haut de cuisse), grossièrement haché
- 6 champignons shiitake sans les pieds, grossièrement hachés
- 5 feuilles de chou chinois grossièrement hachées
- 1 carotte en julienne
- 2 têtes de mini-chou pak-choï, grossièrement hachées
- 1 poignée de haricots mange-tout
- 3 cm de gingembre frais pelé et râpé
- 200 g de nouilles udon
- 1 litre de bouillon de volaille (voir p. 13)
- 1 cuill. à soupe de sauce soja
- 1 cuill. à soupe de mirin (voir p. 11)
- sel et poivre blanc
- 2 cives finement émincées

Disposez les crevettes, le poulet, les champignons, le chou chinois, la carotte, le pak-choï, les haricots et le gingembre dans une cocotte pouvant juste contenir l'ensemble des ingrédients. Posez les nouilles dessus.

Dans une casserole, portez le bouillon à ébullition. Ajoutez la sauce soja et le mirin, salez et poivrez. Versez le bouillon dans la cocotte et portez à petite à ébullition à feu moyen. Laissez frémir 5 minutes jusqu'à ce que tous les ingrédients soient cuits.

Laissez reposer 2 minutes et servez dans la cocotte, parsemé de cives.

pour 2 personnes

100 de nouilles aux œufs moyennes
30 cl + 2 cuill. à soupe d'huile
1 cuill. à soupe de pâte de curry rouge (voir p. 16)
100 g de poulet (cuisse ou haut de cuisse) grossièrement haché
2 choux pak-choï coupés en deux dans la longueur
1 petit bouquet de coriandre (feuilles à part, tiges finement hachées)
1 cuill. à soupe d'échalotes hachées
sel et poivre blanc
10 cl de bouillon de volaille (voir p. 13)
10 cl de lait de coco
2 cuill. à café de sauce de poisson (nam pla)
2 poignées de germes de soja
1 piment rouge finement émincé
1 cuill. à soupe de feuilles de menthe
jus de 1 citron vert

curry de poulet aux nouilles croustillantes

Faites cuire les nouilles selon les instructions données sur l'emballage ; égouttez-les et rafraîchissez-les. Ajoutez 1 cuillerée à soupe d'huile et mélangez.

Chauffez 30 cl d'huile dans une poêle ou dans un wok ; elle doit être suffisamment chaude pour faire gonfler les nouilles (faites des essais avec de petits fragments). Faites frire les nouilles par petites quantités jusqu'à ce qu'elles soient croustillantes. Égouttez-les sur du papier absorbant et répartissez-les dans deux assiettes.

Chauffez la dernière cuillerée d'huile dans le wok. Ajoutez la pâte de curry et faites revenir 30 secondes jusqu'à ce qu'elle prenne une bonne odeur de cuit (ne laissez ni attacher ni brûler). Ajoutez le poulet, le chou, les tiges de coriandre et les échalotes ; salez, poivrez et faites revenir pendant 3 minutes. Versez le bouillon et portez à ébullition. Baissez le feu, incorporez le lait de coco et la sauce de poisson. Laissez frémir 10 minutes jusqu'à ce que la viande soit cuite. Rectifiez l'assaisonnement.

Dans un bol, mélangez les germes de soja, le piment, la menthe et les feuilles de coriandre.

Pour servir, disposez sur les nouilles le poulet avec sa sauce, puis des germes de soja aux herbes ; arrosez de jus de citron.

canard sauté aux nouilles soba, aux petits pois et à la menthe

pour 2 personnes

125 g de nouilles soba
1 cuill. à soupe d'huile
200 g de filet de canard sans la peau, en tranches fines
sel et poivre blanc
2 gousses d'ail pelées, finement émincées
2 cuill. à soupe de petits pois congelés (décongelés)
3 cuill. à soupe de mirin (voir p. 11)
2 cuill. à soupe de sauce soja
1 cuill. à soupe de pousses de bambou
1 bouquet de menthe effeuillé

Faites cuire les nouilles selon les instructions données sur l'emballage ; égouttez-les et rafraîchissez-les.

Chauffez l'huile dans un wok. Salez et poivrez les tranches de canard et faites-les revenir pendant 3 ou 4 minutes, jusqu'à ce que la viande soit cuite.

Ajoutez l'ail, les petits pois, le mirin, la sauce soja et poursuivez la cuisson 1 minute pour faire réduire le jus et faire briller les ingrédients. Incorporez les nouilles et mélagez bien. Goûtez et rectifiez l'assaisonnement.

Répartissez le contenu du wok dans deux bols. Servez parsemé de pousses de bambou et de menthe.

crevettes et porc à l'aigre-doux et nouilles ramen

pour 2 personnes

125 g de nouilles ramen
1 cuill. à soupe d'huile
125 g de porc haché
6 petits champignons de Paris émincés
1 bouquet de cives en tronçons de 6 cm
100 g de crevettes crues décortiquées
2 piments rouges épépinés, finement émincés
2 gousses d'ail pelées, hachées avec un peu de sel
2 cuill. à café de sucre muscovado
1 cuill. à soupe de sauce de poisson (nam pla)
1 cuill. à soupe de vinaigre de riz
2 poignées de germes de soja
2 cuill. à soupe de feuilles de coriandre grossièrement hachées
1 citron vert coupé en deux

Faites cuire les nouilles selon les instructions données sur l'emballage ; égouttez-les et rafraîchissez-les.

Chauffez l'huile dans un wok et faites revenir la viande pendant 3 minutes. Ajoutez les champignons, les cives, les crevettes, le piment, l'ail, le sucre, la sauce de poisson et le vinaigre. Faites revenir encore 3 minutes.

Incorporez les nouilles et mélangez bien.

Répartissez le contenu du wok dans deux bols en diposant dessus les germes de soja. Servez parsemé de coriandre et accompagné d'un demi-citron.

Le sucre muscovado est un sucre roux de canne très parfumé, produit à l'île Maurice.

ci-contre : canard sauté aux nouilles soba, aux petits pois et à la menthe

bœuf aux nouilles et à la sauce aux haricots noirs

pour 2 personnes

125 g de nouilles aux œufs moyennes
1 cuill. à soupe d'huile + un peu pour les nouilles
2 cuill. à café de fécule de maïs
10 cl de bouillon de volaille (voir p. 13)
1 oignon rouge pelé, coupé en 8 quartiers
1 poivron vert épépiné, en carrés de 4 cm
100 g d'aloyau de bœuf en tranches fines
2 gousses d'ail émincées
4 cm de gingembre frais râpé
1 cuill. à soupe de sauce aux haricots noirs
1 piment rouge épépiné, finement émincé

Faites cuire les nouilles selon les instructions données sur l'emballage ; égouttez-les et rafraîchissez-les. Mélangez-les avec un peu d'huile.

Délayez la fécule dans 2 cuillerées à soupe de bouillon de volaille.

Chauffez l'huile dans un wok et faites revenir l'oignon et le poivron pendant 4 minutes. Ajoutez la viande, l'ail, le gingembre et poursuivez la cuisson encore 1 minute. Incorporez la sauce aux haricots, le piment, le bouillon de volaille et la fécule. Remuez pendant 1 minute pour faire épaissir. Goûtez et rectifiez l'assaisonnement.

Répartissez les nouilles dans deux bols et versez dessus la viande avec la sauce.

bœuf au cinq-épices et nouilles de riz

pour 2 personnes

pour la marinade
$^{1}/_{2}$ cuill. à café de cinq-épices
2 cuill. à café de sauce aux huîtres
2 cuill. à café de sauce soja
1 cuill. à soupe de mirin (voir p. 11)
1 cuill. à café de fécule de maïs

200 g d'aloyau de bœuf en tranches fines
150 g de nouilles de riz plates
2 cuill. à café d'huile
3 cm de gingembre frais, pelé et finement haché
2 gousses d'ail pelées, finement hachées
1 poivron rouge épépiné, en lanières
2 cuill. à café de sauce soja
10 cl de bouillon de volaille (voir p. 13)
2 cives finement émincées

Dans un bol, réunissez les ingrédients de la marinade. Ajoutez la viande et mélangez de manière à enrober tous les éléments morceaux. Laissez reposer 1 heure ou, mieux, une nuit au réfrigérateur.

Faites cuire les nouilles selon les instructions données sur l'emballage ; égouttez-les et rafraîchissez-les.

Chauffez l'huile dans un wok et faites revenir le gingembre, l'ail et le poivron pendant 2 minutes.

Ajoutez la viande (réservez la marinade) et faites sauter 2 minutes, sans trop faire cuire. Versez la marinade, la sauce soja et le bouillon ; laissez frémir 2 minutes. Goûtez et rectifiez l'assaisonnement. Ajoutez les nouilles et mélangez intimement.

Répartissez le contenu du wok dans deux bols et servez parsemé de cives.

pour 2 personnes

pour le dashi
10 cm de kombu (algue)
1 poignée de flocons de bonite séchée (katsuo bushi, voir p. 11)

pour la sauce
3 cuill. à soupe de sauce soja
1 cuill. à soupe de jus de citron ou de mirin

100 g de nouilles aux œufs
200 g d'aloyau de bœuf en tranches fines
4 champignons shiitake
100 g de champignons enoki
2 carottes finement émincées
2 cives émincées en diagonale
1 poignée de pousses d'épinards
50 g de kamaboko-aka (voir p. 11) en tranches de 5 mm
100 g de tofu en cubes

1 réchaud de table

bœuf poché aux nouilles, aux champignons et au tofu

Frottez légèrement le kombu avec un linge humide. Mettez-le dans une casserole et couvrez de 1 litre d'eau. Portez à ébullition. Ôtez du feu, retirez le kombu et jetez-le. Ajoutez les flocons de bonite dans la casserole, remettez sur le feu et chauffez jusqu'à la limite de l'ébullition. Ôtez du feu et attendez que les flocons de bonite tombent au fond. Filtrez ce liquide dans une passoire (si vous tardez à retirer les flocons de bonite, le liquide devient amer) dans une autre casserole. Vous obtenez ainsi un dashi.

Chauffez le dashi jusqu'à la limite de l'ébullition, puis posez la casserole sur le réchaud de table.

Préparez la sauce en mélangeant la sauce soja et le jus de citron.

Faites cuire les nouilles selon les instructions données sur l'emballage ; égouttez-les et rafraîchissez-les.

Sur un plat, disposez en rangées le reste des éléments ; finissez par les nouilles.

Chaque convive cuit les ingrédients dans le bouillon. Le bœuf cuit très vite, à peine 1 minute, alors que certains légumes ne seront tendres qu'au bout de 2 ou 3 minutes. Les ingrédients cuits sont ensuite trempés dans la sauce. À la fin, chacun met les nouilles dans son bol, les couvre de dashi parfumé pour les déguster comme une soupe.

Si vous êtes pressé, remplacez le dashi par une version instantanée, le dashi no moto (voir p. 11). Une casserole installée au-dessus de bougies chauffe-plat forme un excellent réchaud.

brochettes de bœuf mariné et nouilles fraîches

pour 2 personnes

4 brochettes en bois trempées dans de l'eau pendant 1 heure

pour la marinade

1 tige de citronnelle sans les feuilles extérieures, finement hachée
2 gousses d'ail pelées et hachées
1 cuill. à café de graines de sésame rapidement grillées à sec dans une poêle chaude
1 piment finement émincé
1 pincée de sucre
1 cuill. à soupe de sauce soja
2 cuill. à café de sauce de poisson (nam pla)

125 g d'aloyau de bœuf en lanières
1 cm de gingembre frais pelé et râpé
2 cuill. à café de sauce aux huîtres
1 cuill. à café de mirin (voir p. 11)
2 cuill. à café de tahin (pâte de sésame)
100 g de nouilles aux œufs fraîches
25 g de cacahouètes grillées, grossièrement hachées
1 poignée de feuilles de coriandre
1 poignée de feuilles de menthe
6 feuilles de basilic thaï
4 petites laitues sucrines grossièrement hachées
2 cives finement émincées

Dans un bol, réunissez les ingrédients de la marinade. Goûtez, salez et poivrez si nécessaire. Ajoutez le bœuf et mélangez de manière à bien enrober la viande (cette étape est importante afin que le bœuf s'imprègne des parfums de la marinade).

Enfilez les lanières de bœuf sur les bâtonnets à brochettes en les pliant en accordéon. Allumez le gril du four. Placez les brochettes sur une plaque, mettez sous le gril et laissez cuire 2 minutes de chaque côté, davantage si vous préférez la viande bien cuite.

Mélangez le gingembre, la sauce aux huîtres, le mirin et le tahin pour faire une sauce épaisse. Faites cuire les nouilles selon les instructions données sur l'emballage. Égouttez-les puis remettez-les dans la casserole et ajoutez la sauce ainsi que les cacahouètes. Mélangez délicatement. Versez un peu d'eau chaude si la sauce est trop épaisse.

Répartissez les nouilles dans deux assiettes et posez dessus les brochettes de viande. Parsemez de coriandre, de menthe, de basilic, de lanières de laitue et de cives. Servez aussitôt.

1012
2
100
positive eating + positive living
desserts
wild berry so
£2.75
2 scoops of
berry sorbet garnished with
fresh blueb
s and a sprig of mint
lime ar
em ginger tart
£4.25
swee
stry base filled with lime and stem
ger
tard. served with crème fraiche and
lime zest
16
ut reika
£2.95
ps of dairy coconut ice cream topped
resh passion fruit sauce and toasted
flakes
whit
ocolate and ginger cheesecake
£4.25
creamy
ite chocolate and glacé stem ginger
chees
on a crunchy ginger biscuit base
topped
white chocolate shavings
18
*chocolat
dge cake
£4.25
rich chocol
udge cake with a wasabi and
white choco
fudge filling. served with dairy
vanilla ice c
19
natural fruit
llies
ask your serve
today's choice
50

LONDON

EGRET
BRAND
二级米粉
RICE VERMICELLI
2ND GRADE
NET WEIGHT: 500g

petites marmites

Certains mets sont plus qu'une soupe. Ils ressemblent davantage à un ragoût, à une estouffade. On les sert en général dans le récipient de cuisson, ici, le plus souvent, un wok. On pourrait les appeler « plats uniques » mais aussi « petites marmites ».

Les plats proposés ici sont robustes. Ils réchauffent et nourrissent. Ils se composent d'un grand nombre d'ingrédients et de saveurs. C'est pourquoi nous les aimons.

Le plat unique a l'avantage d'être facile à présenter, il exige peu de vaisselle et vous évite de quitter sans cesse la table pour la cuisine. Il est aussi rassurant : les choses se font dans un ordre précis et on ne peut pas se tromper. La cuisson se fait toute seule, mais demande un peu plus de temps : ainsi, les saveurs se mêlent entre elles, l'ensemble est plus rond, plus moelleux, plus chaleureux.

On met le récipient de cuisson au milieu de la table et chacun prend les quantités qu'il veut, se ressert s'il le souhaite.

pour 2 personnes

100 g de nouilles aux œufs moyennes
1 cuill. à soupe d'huile
150 g de fleurettes de brocoli
1 petit oignon pelé, coupé en 8 quartiers
3 cm de gingembre frais, pelé et finement râpé
1 gousse d'ail pelée et hachée
1 chou pak-choï nettoyé, séparé en feuilles
2 cuill. à soupe de sauce aux prunes
1 piment rouge épépiné, finement émincé
1 cuill. à soupe de sauce soja
10 cl de bouillon de volaille (voir p. 13)
2 cuill. à café de fécule de maïs délayée dans 2 cuill. à soupe de bouillon de volaille
sel et poivre blanc

légumes sautés à la sauce aux prunes

Faites cuire les nouilles selon les instructions données sur l'emballage ; égouttez-les et rafraîchissez-les.

Chauffez l'huile dans un wok et faites revenir les brocolis et l'oignon pendant 2 minutes. Ajoutez le gingembre, l'ail, le chou et mélangez l'ensemble pendant 2 ou 3 minutes. Ajoutez la sauce aux prunes, le piment, la sauce soja et poursuivez la cuisson encore 2 minutes. Versez le bouillon de volaille et la fécule délayée ; remuez pendant 30 secondes pour faire épaissir la sauce, puis incorporez les nouilles.

Mélangez de manière à enrober tous les ingrédients de sauce ; goûtez et rectifiez l'assaisonnement. Servez aussitôt.

pour 2 personnes

125 g de nouilles « de verre »
huile
1 piment vert finement émincé
1 gousse d'ail pelée et hachée
1 cuill. à café de sucre roux
4 champignons shiitake émincés
1 petite carotte en julienne
1 oignon rouge pelé, coupé en demi-rondelles
1/2 chou chinois émincé
3 cuill. à soupe de sauce soja
jus de 1/2 citron
2 cuill. à café d'huile de sésame grillé
1 cuill. à soupe de cives finement émincées

légumes sautés aux nouilles « de verre »

Faites tremper les nouilles 5 minutes dans de l'eau chaude pour les attendrir. Égouttez-les, rafraîchissez-les puis hachez grossièrement.

Dans un wok, chauffez l'huile à feu moyen et faites revenir le piment et l'ail pendant 30 secondes. Ajoutez le sucre et poursuivez la cuisson 30 secondes. Augmentez le feu, ajoutez les champignons, la carotte, l'oignon et le chou chinois. Faites revenir 3 ou 4 minutes pour faire blondir les légumes.

Incorporez les nouilles et la sauce soja, faites encore revenir 3 minutes sans trop faire cuire les légumes. Ôtez du feu, ajoutez le jus de citron, l'huile de sésame et mélangez pour bien répartir les parfums.

Servez parsemé de cives.

ci-contre : légumes sautés à la sauce aux prunes

légumes braisés au tofu

pour 2 personnes

- 2 cuill. à soupe d'huile
- 150 g de tofu ferme en tranches de 3 x 3 x 1 cm
- 1 cuill. à soupe de pâte de curry rouge (voir p. 16)
- 40 cl de bouillon de volaille ou de légumes (voir p. 13)
- 1 cuill. à soupe de sauce soja
- 2 cuill. à café de saké
- 10 cl de lait de soja
- 2 courgettes jaunes en tranches de 5 mm
- 50 g de petits pois congelés (décongelés)
- 1 cuill. à soupe de petits champignons de Paris finement émincés
- 2 cuill. à café de sauce de poisson (nam pla)
- 50 g de nouilles de riz larges
- 2 cives finement émincées

Chauffez l'huile dans un wok et faites sauter le tofu 2 minutes sur chaque face jusqu'à obtenir une belle couleur dorée. Ôtez du feu et réservez.

Jetez l'huile et ajoutez la pâte de curry. Chauffez pendant 1 minute à feu modéré (la pâte doit perdre son arôme de cru). Versez le bouillon, la sauce soja, le saké et le lait de soja. Portez à ébullition et ajoutez les légumes et la sauce de poisson. Faites cuire à feu moyen pendant 4 minutes afin de conserver aux légumes leur croquant.

Faites cuire les nouilles selon les instructions données sur l'emballage ; égouttez-les et rafraîchissez-les.

Répartissez le contenu du wok et les nouilles dans deux bols. Remettez le tofu dans le wok, rectifiez l'assaisonnement et versez sur les nouilles. Servez parsemé de cives.

steaks de tofu teriyaki aux légumes verts

pour 4 personnes

- 100 g de nouilles « de verre »
- 2 cuill. à soupe de sauce soja
- 2 cuill. à soupe de mirin (voir p. 11)
- 2 cuill. à soupe de saké
- 1 cuill. à café de sucre
- 200 g de tofu en tranches
- 2 champignons shiitake émincés
- 1 gousse d'ail finement hachée
- 100 g de fleurettes de brocoli grossièrement hachées
- 1 poireau nettoyé, émincé
- 100 g de chou pak-choï nettoyé, grossièrement haché
- 1/2 bulbe de fenouil finement émincé
- 2 cuill. à café de fécule de maïs délayée dans 1 cuill. à soupe d'eau
- 1 cuill. à café de graines de sésame grillées à sec

Faites cuire les nouilles selon les instructions données sur l'emballage ; égouttez-les et rafraîchissez-les. Dans un wok, chauffez la sauce soja, le mirin, le saké et le sucre jusqu'à faire fondre ce dernier. Mettez le tofu et les champignons dans le wok et laissez frémir pendant 15 minutes.

Ajoutez l'ail et les légumes, et laissez mijoter 10 minutes jusqu'à ce qu'ils soient juste tendres. Ajoutez la fécule de maïs délayée et faites épaissir pendant 2 minutes en remuant. Complétez par les nouilles et mélangez. Saupoudrez de graines de sésame et servez aussitôt.

nouilles aux champignons

pour 2 personnes

100 g de nouilles aux œufs moyennes
3 cuill. à soupe d'huile
3 gousses d'ail pelées et hachées
3 cm de gingembre frais, pelé et râpé
200 g de champignons mélangés (enoki, pleurotes en huître, shiitake, petits champignons de Paris ou rosés des prés) nettoyés, coupés en deux pour les plus gros
25 g de pousses de bambou égouttées
125 g de châtaignes d'eau en boîte, rincées, égouttées et coupées en deux
2 cives en tronçons de 3 cm
1/2 poivron rouge épépiné, finement émincé
2 cuill. à soupe de sauce tori kara age (voir p. 21)
sel et poivre blanc
2 poignées de germes de soja

Faites cuire les nouilles selon les instructions données sur l'emballage ; égouttez-les et rafraîchissez-les.

Dans un wok, chauffez 2 cuillerées à soupe d'huile à feu vif et faites-y revenir l'ail et le gingembre pendant 30 secondes. Ajoutez les champignons, les pousses de bambou, les châtaignes d'eau, les cives et le poivron. Faites revenir 2 ou 3 minutes ; les légumes doivent être à peine cuits. Ôtez du feu et réservez.

Essuyez le wok et faites-le chauffer à nouveau. Ajoutez le reste d'huile et faites sauter les nouilles pendant 1 minute. Incorporez la sauce tori kara age et poursuivez la cuisson 2 minutes. Remettez tous les légumes dans le wok et mélangez pour réchauffer l'ensemble. Rectifiez l'assaisonnement, parsemez de germes de soja et servez.

nouilles aux sept légumes en casserole

pour 2 personnes

2 petits choux pak-choï coupés en quatre longitudinalement
75 g de fleurettes de brocoli
50 g de nouilles de riz larges
15 cl de bouillon de volaille (voir p. 13)
2 cuill. à soupe de mirin (voir p. 11)
3 cuill. à soupe de sauce soja
2 cuill. à café de sucre
1 gousse d'ail pelée et écrasée
2 cm de gingembre frais pelé et râpé
1 piment rouge haché
1 poignée de chou chinois finement émincé
1 poignée de haricots mange-tout
2 carottes finement émincées
1 petite courgette finement émincée
4 champignons shiitake finement émincés
1 poignée de feuilles de coriandre

Faites blanchir le chou et le brocoli à l'eau bouillante salée ; ils doivent être juste tendres. Égouttez-les et rafraîchissez-les sous l'eau froide.

Faites cuire les nouilles selon les instructions données sur l'emballage ; égouttez-les et rafraîchissez-les.

Dans une casserole, réunissez le bouillon, le mirin, la sauce soja, le sucre, l'ail, le gingembre et le piment. Couvrez et portez à ébullition. Ajoutez le chou chinois, les haricots, les carottes, la courgette et les champignons, et laissez cuire 4 minutes en conservant aux légumes leur croquant. Ajoutez les légumes blanchis et les nouilles ; rectifiez l'assaisonnement. Laissez frémir 2 minutes à feu doux puis laissez reposer 2 minutes. Parsemez de coriandre et servez.

wok d'aubergines aux nouilles et aux épinards

pour 2 personnes

1 aubergine moyenne équeutée, en cubes de 2 cm
sel et poivre blanc
4 cuill. à soupe d'huile
2 cuill. à soupe d'échalotes finement hachées
2 piments rouges hachés
3 gousses d'ail pelées et hachées
3 cm de gingembre frais, pelé et finement haché
3 tiges de citronnelle sans les feuilles extérieures, finement hachées
3 cuill. à soupe de mirin (voir p. 11)
50 cl de bouillon de volaille ou de légumes (voir p. 13)
100 g de nouilles udon
4 poignées de pousses d'épinards
1 bouquet de coriandre effeuillé

Saupoudrez les cubes d'aubergine de sel, mettez-les dans une passoire et laissez dégorger pendant 30 minutes. Rincez abondamment à l'eau froide et séchez avec du papier absorbant.

Chauffez 2 cuillerées à soupe d'huile dans un wok et faites dorer les cubes d'aubergine pendant 5 ou 6 minutes (faites-le en plusieurs fois : si le wok est trop rempli, les aubergines rendent leur eau et ne dorent pas). Retirez-les du wok et égouttez sur du papier absorbant.

Remettez le wok sur le feu, ajoutez l'huile restante. Faites-y revenir pendant 3 minutes les échalotes, les piments, l'ail, le gingembre et la citronnelle. Ajoutez les aubergines, le mirin, le bouillon ; salez et poivrez. Baissez le feu et laissez mijoter 10 minutes.

Incorporez les nouilles et les épinards, et laissez cuire 6 à 8 minutes jusqu'à ce que les nouilles soient cuites et que le liquide épaississe. Ajoutez la coriandre, rectifiez l'assaisonnement et servez.

pour 2 personnes

200 g de crevettes tigrées crues, décortiquées
1 cuill. à soupe de jus de citron
1 cuill. à café de gingembre frais, pelé et haché
4 gousses d'ail pelées et écrasées
20 cl de bouillon de volaille (voir p. 13)
2 cuill. à soupe de mirin (voir p. 11)
2 cuill. à soupe de sauce soja
2 cuill. à soupe de sauce ramen au piment (voir p. 18)
2 cuill. à café de fécule de maïs
100 g de nouilles udon
2 cuill. à soupe d'huile
1 petit oignon finement émincé
1 cuill. à café de pâte de piment forte
1 généreuse poignée de pousses d'épinards
1 généreuse poignée de germes de soja

nouilles aux crevettes piquantes

Mettez les crevettes dans un bol et enrobez-les de jus de citron, de gingembre et de la moitié de l'ail. Laissez reposer pendant 30 minutes. Mélangez le bouillon de volaille, le mirin, la sauce soja, la sauce ramen, la fécule ; réservez.

Faites cuire les nouilles selon les instructions données sur l'emballage ; égouttez-les et rafraîchissez-les.

Dans un wok, chauffez 1 cuillerée à soupe d'huile à feu vif et faites sauter les crevettes pendant 2 minutes. Ôtez du feu et réservez.

Essuyez le wok, remettez-le sur feu modéré et versez l'huile restante. Faites fondre l'oignon avec le reste d'ail et la pâte de piment jusqu'à une légère coloration. Versez le mélange à base de bouillon et laissez frémir 3 minutes en remuant constamment.

Dès que la sauce devient épaisse, ajoutez les crevettes, les nouilles et les épinards. Mélangez délicatement et réchauffez le tout pendant 1 minute. Parsemez de germes de soja et servez aussitôt.

ragoût de fruits de mer

pour 2 personnes

100 g de nouilles udon
2 cuill. à soupe de sauce soja
1 cuill. à soupe de mirin (voir p. 11)
2 cuill. à café de sauce de poisson (nam pla)
3 cm de gingembre frais, pelé et râpé
12 clams bien rincés
100 g de champignons shiitake en lanières de 1 cm
150 g de bar en morceaux de 3 cm
8 crevettes tigrées crues, décortiquées (mais avec la queue)
1 feuille de nori (algue) en lanières de 1 cm
100 g de tofu en dés
1 petite laitue sucrine émincée
1/2 rouleau (100 g) de kamaboko-aka (voir p. 11) en tranches de 1 cm

Faites cuire les nouilles selon les instructions données sur l'emballage ; égouttez-les et rafraîchissez-les.

Dans une casserole, mélangez la sauce soja, le mirin, la sauce de poisson, le gingembre et 20 cl d'eau. Mettez la casserole sur feu modéré et portez à ébullition. Ajoutez les clams, couvrez et faites cuire 2 minutes pour les faire ouvrir. Sortez-les à l'aide d'une écumoire.

Mettez les champignons et le bar dans la casserole et laissez frémir 2 minutes à couvert. Ajoutez les crevettes et laissez cuire encore 2 minutes, toujours à couvert. Remettez les clams dans la casserole avec le nori, les nouilles, le tofu et la laitue. Salez, poivrez et laissez mijoter à couvert pendant 3 minutes.

Servez parsemé de tranches de kamaboko-oka.

nouilles aux crevettes à l'aigre-doux

pour 2 personnes

100 g de nouilles de riz
2 cuill. à soupe d'huile
2 œufs légèrement battus, salés et poivrés
200 g de crevettes crues décortiquées
2 gousses d'ail pelées, finement hachées
1 piment épépiné, finement haché
1 cuill. à soupe de sauce de poisson (nam pla)
1 cuill. à soupe de sauce soja
1/2 cuill. à café de sucre roux
1 poignée de germes de soja
2 cuill. à café de crevettes séchées, rincées
2 cives finement émincées
1 citron vert coupé en deux
1 cuill. à soupe de cacahouètes grillées et hachées
1 petit bouquet de coriandre effeuillé

Faites cuire les nouilles selon les instructions données sur l'emballage ; égouttez-les et rafraîchissez-les.

Chauffez 1 cuillerée à soupe d'huile dans un wok, versez-y l'œuf et remuez le récipient pour en tapisser le fond. Faites prendre l'omelette pendant 1 minute. Ôtez le wok du feu et laissez refroidir. Roulez l'omelette et coupez-la en fines lanières.

Chauffez le reste d'huile dans le wok et faites sauter les crevettes, l'ail et le piment pendant 1 ou 2 minutes. Ajoutez la sauce de poisson, la sauce soja, le sucre, les nouilles et faites revenir 1 minute. Complétez avec les germes de soja, les crevettes séchées, les cives, les lanières d'œuf et mélangez bien. Rectifiez l'assaisonnement.

Servez avec le citron vert, parsemé de cacahouètes et de feuilles de coriandre.

ci-contre : ragoût de fruits de mer

moules épicées aux nouilles de riz

pour 2 personnes

150 g de nouilles de riz larges
1 cuill. à soupe d'huile
1 oignon pelé, finement émincé
3 cm de gingembre frais, pelé et râpé
3 gousses d'ail pelées et hachées
1 piment vert épépiné, finement haché
1/2 cuill. à café de curcuma
2 étoiles de badiane (anis étoilé)
1 gros bouquet de coriandre (feuilles à part, tiges finement hachées)
20 cl de lait de coco
500 g de moules nettoyées, ébarbées

Faites cuire les nouilles selon les instructions données sur l'emballage ; égouttez-les et rafraîchissez-les.

Chauffez l'huile dans un wok et faites fondre les oignons pendant 2 minutes jusqu'à ce qu'ils blondissent. Ajoutez le gingembre, l'ail, le piment, le curcuma et laissez cuire encore 1 minute en veillant à ce que le mélange n'attache pas.

Ajoutez la badiane, les tiges de coriandre et poursuivez la cuisson pendant 30 secondes. Versez le lait de coco, portez à ébullition, puis baissez le feu et laissez frémir 1 minute pour faire épaissir la sauce.

Ajoutez les moules, couvrez et laissez cuire 5 minutes à feu assez vif jusqu'à ce que les moules s'ouvrent. Incorporez les nouilles et mélangez pour réchauffer l'ensemble et enrober les ingrédients de sauce.

Servez parsemé de feuilles de coriandre.

pour 2 personnes

- 100 g de nouilles de riz
- 1 cuill. à soupe d'huile
- 2 gousses d'ail pelées, finement hachées
- 1 oignon rouge pelé, finement émincé
- 1 tête de brocoli divisée en fleurettes
- 4 asperges pelées
- 150 g de calmars nettoyés, en morceaux de 3 cm
- 1 cuill. à soupe de sauce soja
- 1 cuill. à café de fécule de maïs
- 20 cl de bouillon de volaille (voir p. 13)
- 1 piment rouge finement émincé

wok de calmars aux brocolis et aux asperges

Faites cuire les nouilles selon les instructions données sur l'emballage ; égouttez-les et rafraîchissez-les. Arrosez-les avec 1 cuillerée à café d'huile et mélangez.

Chauffez le reste d'huile dans un wok et faites à peine blondir l'oignon, les brocolis, les asperges et le calmar pendant 4 ou 5 minutes. Délayez la fécule dans la sauce soja. Versez le bouillon de volaille et la sauce soja dans le wok, laissez frémir 3 minutes puis ajoutez les nouilles. Mélangez pour enrober tous les ingrédients, puis rectifiez l'assaisonnement.

Servez parsemé de piment.

pour 2 personnes

- 100 g de nouilles de riz
- 2 cuill. à soupe d'huile
- 2 œufs battus, salés et poivrés
- 12 crevettes tigrées décortiquées
- sel et poivre blanc
- 6 champignons shiitake émincés
- 3 cives en tronçons de 3 cm
- 2 gousses d'ail pelées et hachées
- 5 cl de sauce hoisin
- 5 cl de bouillon de volaille (voir p. 13)
- 50 g d'épinards frais
- 2 poignées de germes de soja

nouilles aux crevettes, champignons et lanières d'omelette

Faites cuire les nouilles selon les instructions données sur l'emballage ; égouttez-les et rafraîchissez-les.

Chauffez 1 cuillerée à soupe d'huile dans un wok, versez-y l'œuf et remuez le récipient pour en tapisser uniformément le fond. Faites prendre l'omelette pendant 1 minute. Ôtez le wok du feu et laissez refroidir. Roulez l'omelette et coupez-la en fines lanières.

Chauffez le reste d'huile dans le wok. Salez et poivrez les crevettes et faites-les sauter 2 ou 3 minutes. Ajoutez les champignons et les cives, et faites revenir pendant 1 minute. Incorporez l'ail, puis, au bout de 10 secondes, la sauce hoisin et le bouillon. Portez à ébullition, laissez cuire 1 minute. Ajoutez les épinards et poursuivez la cuisson encore 2 minutes jusqu'à ce que les crevettes soient cuites.

Incorporez les nouilles et les lanières d'omelette ; rectifiez l'assaisonnement. Servez parsemé de germes de soja.

ci-contre : wok de calmars aux brocolis et aux asperges

nouilles aux crevettes épicées et aux châtaignes d'eau

pour 2 personnes

100 g de nouilles aux œufs moyennes
1 cuill. à soupe d'huile
2 gousses d'ail pelées, grossièrement hachées
3 cm de gingembre frais, pelé et râpé
1 piment épépiné, finement émincé
200 g de crevettes crues décortiquées
1 bouquet de coriandre effeuillé, les tiges finement hachées
sel et poivre blanc
1 cuill. à soupe de sauce aux huîtres
1 cuill. à soupe de mirin (voir p. 11)
1 cuill. à soupe de sauce de poisson (nam pla)
10 châtaignes d'eau rincées, égouttées
1 cuill. à café d'huile de sésame grillé

Faites cuire les nouilles selon les instructions données sur l'emballage ; égouttez-les et rafraîchissez-les. Arrosez avec 1 cuillerée à café d'huile et mélangez.

Chauffez le reste d'huile dans un wok, ajoutez l'ail et faites-le revenir 30 secondes. Retirez l'ail et réservez. Mettez dans le wok le gingembre, le piment, les crevettes et les tiges de coriandre ; salez et poivrez. Faites sauter pendant 2 ou 3 minutes jusqu'à ce que les crevettes soient cuites.

Incorporez les nouilles avec la sauce aux huîtres, le mirin, la sauce de poisson, les châtaignes d'eau et l'huile de sésame. Laissez cuire 1 minute en remuant pour bien mélanger les ingrédients. Ôtez du feu, ajoutez les feuilles de coriandre et rectifiez l'assaisonnement. Servez après avoir saupoudré avec l'ail réservé.

curry de fruits de mer aux nouilles façon thaïe

pour 2 personnes

100 g de vermicelles de riz
1 cuill. à soupe d'huile
75 g de calmar en tronçons de 3 cm
6 crevettes tigrées crues entières
sel et poivre blanc
20 cl de lait de coco
2 cuill. à café de crevettes séchées bien rincées
2 cuill. à café de sauce de poisson (nam pla)
1 cuill. à soupe de sauce soja
1 piment finement émincé
3 cm de gingembre frais, pelé et râpé
12 moules nettoyées, ébarbées
1 bouquet de coriandre effeuillé

Faites cuire les vermicelles selon les instructions de l'emballage, égouttez-les et rafraîchissez-les.

Chauffez l'huile dans un wok. Salez et poivrez les crevettes et le calmar. Faites-les sauter 2 ou 3 minutes. Ôtez du feu et réservez.

Dans le wok, réunissez le lait de coco, les crevettes séchées, la sauce de poisson, la sauce soja, le piment et le gingembre ; portez à ébullition. Ajoutez les moules, puis, dès qu'elles sont ouvertes, les nouilles. Mélangez bien pour enrober tous les ingrédients de sauce. Incorporez les crevettes et le calmar. Remuez délicatement, rectifiez l'assaisonnement et servez parsemé de feuilles de coriandre.

pour 2 personnes

- 1 cuill. à soupe d'huile
- 2 cuill. à café de pâte de curry rouge (voir p. 16)
- 12 cl de lait de coco
- 1 cuill. à café de sucre muscovado
- 2 cuill. à café de sauce de poisson (nam pla)
- zeste et jus de 1 citron vert + 1 citron vert en quartiers
- 2 filets de saumon sans la peau, de 100 g chacun
- 1 petite poignée de feuilles de basilic thaï
- 1 petite poignée de feuilles de menthe
- 100 g de nouilles de riz larges

curry de saumon aux nouilles de riz

Dans une sauteuse, chauffez l'huile et faites fondre les échalotes pendant 2 minutes à feu moyen, sans les laisser prendre couleur.

Ajoutez la pâte de curry et laissez cuire 2 minutes en remuant. Versez le lait de coco, le sucre, la sauce de poisson, le zeste et le jus de citron. Portez à ébullition, baissez le feu et laissez frémir doucement 5 minutes. Goûtez et rectifiez l'assaisonnement.

Posez les filets de poisson dans le liquide et faites pocher doucement pendant 8 à 10 minutes, selon leur épaisseur. Vérifiez la cuisson, puis ajoutez le basilic et la menthe.

Faites cuire les nouilles selon les instructions données sur l'emballage, égouttez-les aussitôt et versez-les dans la sauteuse en remuant.

Servez accompagné de quartiers de citron vert.

Le sucre muscovado est un sucre roux de canne très parfumé, produit à l'île Maurice.

saumon mariné sur nouilles au pak-choï et à la sauce aux haricots noirs

pour 2 personnes

pour la marinade
2 cuill. à soupe de sauce soja
1 pincée de sucre
2 cuill. à café de mirin (voir p. 11)
2 cuill. à café d'huile
sel et poivre blanc

2 filets de saumon de 100 g chacun
100 g de nouilles ramen
1 cuill. à soupe d'huile
1 oignon pelé, finement émincé
1 petit poivron rouge épépiné, finement émincé
3 cm de gingembre frais, pelé et râpé
2 gousses d'ail pelées et hachées
1 cuill. à soupe de sauce aux haricots noirs
1 piment rouge épépiné, finement émincé
25 cl de bouillon de volaille (voir p. 13)
2 cuill. à café de fécule de maïs délayée dans 2 cuill. à soupe d'eau froide
2 choux pak-choï nettoyés, finement émincés en longueur

Dans un bol, réunissez les ingrédients de la marinade, salez et poivrez. Mettez-y le saumon et retournez-le plusieurs fois pour bien l'enrober de la marinade. Laissez reposer 1 heure ou, mieux, toute une nuit au réfrigérateur.

Faites cuire les nouilles selon les instructions données sur l'emballage ; égouttez-les et rafraîchissez-les.

Préchauffez le gril du four. Sortez les filets de saumon de la marinade (réservez celle-ci) et faites-les cuire 5 minutes environ (selon leur épaisseur) en les retournant une fois.

Chauffez l'huile dans un wok et faites revenir l'oignon, le poivron, le gingembre et l'ail pendant 1 minute. Ajoutez la sauce aux haricots noirs, le piment, le bouillon de volaille, la marinade, la fécule et laissez frémir 2 minutes. Incorporez les nouilles, le chou et faites cuire 1 minute pour attendrir le chou.

Posez dessus le saumon et servez aussitôt.

lotte marinée et brocolis à la sauce aux huîtres

pour 2 personnes

pour la marinade

3 cm de gingembre frais, pelé et râpé
3 gousses d'ail pelées et rapées
1 cuill. à soupe de mirin (voir p. 11)
2 cuill. à café de sauce de poisson (nam pla)

200 g de lotte en tranches de 1 cm d'épaisseur
100 g de nouilles fines aux œufs
200 g de fleurettes de brocoli
1 cuill. à soupe d'huile
2 cuill. à soupe de sauce aux huîtres
4 cives finement émincées
1 piment rouge finement émincé
2 cuill. à café de graines de sésame rapidement grillées à sec dans un poêle chaude
2 cuill. à café d'huile de sésame grillé

Dans un bol, réunissez les ingrédients de la marinade. Mettez-y les morceaux de lotte et retournez-les sur toutes les faces pour bien les enrober de la marinade. Laissez reposer plusieurs heures ou, mieux, toute une nuit au réfrigérateur.

Faites cuire les nouilles selon les instructions données sur l'emballage ; égouttez-les et rafraîchissez-les. Blanchissez les brocolis dans une casserole d'eau bouillante salée pour qu'ils restent légèrement croquants. Égouttez-les et rafraîchissez-les.

Chauffez l'huile dans un wok et faites sauter la lotte 2 minutes. Ajoutez les brocolis et faites revenir pendant 1 minute. Versez la sauce aux huîtres, rectifiez l'assaisonnement, puis incorporez les nouilles.

Parsemez de cives, de piment, de graines de sésame et arrosez d'un filet d'huile de sésame. Servez aussitôt.

bar sauté aux épinards et aux cives

pour 2 personnes

100 g de nouilles somen
200 g d'épinards frais
3 cm de gingembre frais, pelé et râpé
1 cuill. à soupe de sauce soja
2 gousses d'ail pelées, finement émincées
jus de 1 citron
1 cuill. à café de sauce de poisson (nam pla)
1 cuill. à café de vinaigre de riz
1 cuill. à soupe d'huile
4 cives en tronçons de 3 cm
2 cuill. à café de fécule de maïs mélangée à du sel et du poivre blanc
200 g de bar coupé en morceaux
2 cuill. à café d'huile de sésame grillé
1 cuill. à café de graines de sésame grillées à sec

Faites cuire les nouilles selon les instructions données sur l'emballage ; égouttez-les et rafraîchissez-les.

Blanchissez les épinards 30 secondes dans une casserole d'eau bouillante salée. Égouttez-les, rafraîchissez-les sous l'eau froide et pressez-les doucement entre vos mains. Dépliez délicatement les feuilles et réservez-les.

Dans un bol, mélangez le gingembre, la sauce soja, l'ail, le jus de citron, la sauce de poisson et le vinaigre de riz. Chauffez l'huile dans un wok et faites légèrement blondir les oignons pendant 1 minute.

Saupoudrez le poisson du mélange à la fécule et faites revenir 2 ou 3 minutes dans le wok sans trop cuire. Ajoutez les épinards, les nouilles et le mélange au gingembre ; mélangez et laissez cuire jusqu'à ce que le liquide bouillonne. Ôtez du feu et arrosez d'huile de sésame. Servez saupoudré de graines de sésame.

pour 2 personnes

- 1/2 cuill. à café de poivre du Sichouan en grains
- 1/2 cuill. à café de poivre noir en grains
- 200 g de nouilles ramen
- 1 cuill. à soupe d'huile
- 2 petits oignons rouges pelés, coupés en 8 quartiers
- 2 cuill. à café de sauce aux huîtres
- 2 cuill. à café de sauce hoisin
- 1 cuill. à café de fécule de maïs délayée dans 2 cuill. à soupe d'eau
- jus de 1 citron
- 150 g de filets de maquereaux sans la peau, coupés en morceaux
- 1 poignée de germes de soja

maquereau au poivre et nouilles ramen

Dans une poêle chaude, grillez les grains de poivre à sec jusqu'à dégager tout leur parfum. Versez dans un mortier et écrasez au pilon. Faites cuire les nouilles selon les instructions données sur l'emballage ; égouttez-les et rafraîchissez-les.

Chauffez l'huile dans un wok, mettez-y les grains de poivre écrasés et les oignons, et faites revenir 4 minutes ; les oignons doivent blondir.

Mélangez la sauce aux huîtres, la sauce hoisin, la fécule et le jus de citron. Versez dans le wok avec le poisson et faites revenir 2 minutes. Ajoutez les nouilles et mélangez.

Parsemez de germes de soja et servez.

pour 2 personnes

- 100 g de nouilles aux œufs moyennes
- 1 cuill. à soupe d'huile
- 1 cuill. à soupe d'échalotes pelées, coupées en demi-rondelles
- 3 cm de gingembre frais, pelé et finement haché
- 2 gousses d'ail pelées et hachées
- 100 g de poulet haché
- 100 g de crevettes crues décortiquées
- 1 poignée de chou chinois finement émincé
- 100 g de châtaignes d'eau hachées
- 1 œuf battu, salé et poivré
- 1 cuill. à soupe de curry en poudre
- 2 cuill. à soupe de sauce soja
- 1 cuill. à soupe de mirin (voir p. 11)
- 1 cuill. à café de sucre
- 1 poignée de germes de soja
- 2 cuill. à soupe de sauce aux huîtres
- 2 cuill. à café d'huile de sésame grillé
- 2 cives finement émincées

nouilles aux crevettes et au poulet

Faites cuire les nouilles selon les instructions données sur l'emballage ; égouttez-les et rafraîchissez-les.

Chauffez l'huile dans un wok et faites revenir l'échalote, le gingembre et l'ail pendant 1 minute. Ajoutez le poulet, les crevettes, le chou chinois, les châtaignes et faites sauter le tout pendant 2 minutes. Incorporez l'œuf en remuant pendant 30 secondes.

Ajoutez le curry, la sauce soja, le mirin et le sucre en même temps que les nouilles et les germes de soja. Mélangez intimement et chauffez le tout pendant 1 minute. Ôtez du feu et versez la sauce aux huîtres et l'huile de sésame.

Servez parsemé de cives.

ci-contre : maquereau au poivre et nouilles ramen

curry de poulet aux nouilles

pour 2 personnes

3 cuill. à soupe d'huile
150 g de blancs de poulet, sans la peau, en morceaux
1 courgette en dés
1/2 petite aubergine en dés
2 cives en tronçons de 1 cm
1 gousse d'ail pelée, finement hachée
3 cm de gingembre frais, pelé et finement haché
1 cuill. à soupe de pâte de curry verte (voir p. 18)
25 cl de bouillon de volaille (voir p. 13)
18 cl de lait de coco
1 cuill. à soupe de sauce de poisson (nam pla)
100 g de nouilles aux œufs moyennes
jus de 1 citron vert
2 cuill. à soupe de coriandre grossièrement hachée
2 cuill. à soupe de cacahouètes non salées

Dans un wok, chauffez 1 cuillerée à soupe d'huile à feu moyen et faites revenir et dorer le poulet pendant 3 ou 4 minutes. Ôtez du feu et réservez.

Versez le reste d'huile dans le wok et faites dorer la courgette et l'aubergine pendant 4 minutes. Au début, l'aubergine tend à absorber l'huile, puis elle la rend.

Ajoutez les cives, faites revenir 1 minute, puis mettez l'ail et le gingembre. Laissez cuire 1 minute et incorporez la pâte de curry.

Mouillez avec le bouillon, le lait de coco, la sauce de poisson, portez à ébullition et laissez mijoter 10 minutes. Ajoutez les nouilles, la viande réservée et faites cuire 4 minutes jusqu'à ce que les nouilles soient cuites. Parfumez avec le jus de citron et rectifiez l'assaisonnement.

Servez saupoudré de coriandre et de cacahouètes.

sauté de crevettes et de porc aux nouilles frites

pour 2 personnes

100 g de crevettes crues décortiquées
50 g de vermicelles de riz
huile
2 cuill. à soupe d'échalotes finement hachées
3 gousses d'ail pelées, finement émincées
1 pincée de piment séché en flocons (ou selon vos goûts)
200 g de porc haché
1 grosse poignée de germes de soja
½ cuill. à café de sucre roux
1 cuill. à soupe de sauce de poisson (nam pla)
1 cuill. à soupe de mirin (voir p. 11)
1 petite poignée de feuilles de coriandre
jus de 1 citron vert

Découpez les crevettes en papillon en les incisant par le dos, dans le sens de la longueur (sans les couper complètement). Ouvrez-les et aplatissez-les pour leur donner la forme d'un papillon.

Mettez les vermicelles dans un sac en plastique et cassez-les en petits morceaux. Chauffez 3 cm d'huile à 180 °C dans un wok (jetez un morceau de vermicelle : s'il gonfle, l'huile a atteint la bonne température). Faites frire les nouilles par petites quantités : elles gonflent très vite et il faut les sortir rapidement. Laissez égoutter sur du papier absorbant.

Chauffez 1 cuillerée à soupe d'huile dans le wok et faites fondre les échalotes pendant 1 minute. Ajoutez l'ail, les flocons de piment, le porc et poursuivez la cuisson 2 minutes. Ajoutez les crevettes, les germes de soja, le sucre, la sauce de poisson, le mirin et laissez cuire encore 2 ou 3 minutes. Incorporez la coriandre en remuant.

Servez le mélange de porc et de crevettes sur les nouilles, arrosé de jus de citron.

porc et crevettes au riz en bouillon

pour 2 personnes

100 g de filet de porc en tranches fines
2 gousses d'ail pelées et écrasées
2 cuill. à soupe de sauce soja
75 g de riz basmati
4 petits champignons shiitake séchés
1 cuill. à soupe d'huile
100 g de crevettes tigrées crues décortiquées
50 cl de bouillon de volaille (voir p. 13)
1 cuill. à soupe de sauce de poisson (nam pla)
75 g de nouilles aux œufs moyennes, en morceaux de 4 cm
2 choux pak-choï coupés en quatre dans la longueur
1 citron vert en quartiers

Dans un bol, mélangez la viande, l'ail et la sauce soja ; réservez. Rincez le riz dans une grande quantité d'eau froide et laissez reposer 30 minutes, voire 1 heure, largement recouvert d'eau.

Mettez les champignons dans un bol, versez de l'eau chaude et laissez tremper 20 minutes. Égouttez les champignons (conservez leur eau de trempage) et émincez-les.

Chauffez l'huile dans un wok et faites sauter la viande et sa marinade pendant 1 minute. Ajoutez les crevettes, les champignons et leur eau, et faites revenir encore 1 minute. Versez le bouillon et la sauce de poisson, portez à ébullition. Ajoutez le riz et laissez mijoter doucement pendant 5 minutes. Ajoutez les nouilles, le pak-choï et poursuivez la cuisson 4 minutes, en veillant à ce que le riz et les nouilles soient cuits.

Rectifiez l'assaisonnement et servez avec les quartiers de citron.

Le riz que l'on fait préalablement tremper dans de l'eau cuit plus vite, ce qui permet de l'ajouter peu de temps avant les nouilles.

ci-contre : sauté de crevettes et de porc aux nouilles frites

pour 2 personnes

pour la marinade

1 gousse d'ail pelée, hachée et écrasée avec un peu de sel
3 cm de gingembre frais, pelé et râpé
1 cuill. à soupe de sauce soja

100 g de filet de porc en lanières
150 g de vermicelles de riz
1 cuill. à soupe de crevettes séchées bien rincées
1 poignée de haricots verts équeutés
1 cuill. à soupe d'huile
50 g de petits champignons de Paris finement émincés
2 poignées d'épinards
sauce soja
2 cives finement émincées

sauté de porc aux nouilles

Dans un bol, réunissez les ingrédients de la marinade. Ajoutez les lanières de viande et mélangez. Laissez reposer pendant 1 heure ou, mieux, une nuit au réfrigérateur.

Faites cuire les vermicelles selon les instructions données sur l'emballage ; égouttez-les et rafraîchissez-les.

Faites tremper les crevettes 10 minutes dans de l'eau bouillante. Égouttez-les et réservez leur eau de trempage. Faites cuire les haricots verts à l'eau bouillante salée en les gardant croquants. Égouttez-les et rafraîchissez-les sous l'eau froide.

Chauffez l'huile dans un wok et faites revenir les champignons, la viande et sa marinade pendant 3 minutes. Ajoutez les haricots et les épinards, et faites sauter 1 minute. Incorporez les vermicelles, l'eau de trempage des crevettes et assaisonnez à la sauce soja, selon votre goût. Parsemez de crevettes et de cives. Servez aussitôt.

pour 2 personnes

pour la marinade

1 cuill. à soupe de sauce soja
1 cuill. à soupe de mirin (voir p. 11)
1 cuill. à café d'huile pimentée
2 cuill. à café de gingembre frais pelé et râpé
2 gousses d'ail pelées et écrasées

200 g de filet ou de pointe de porc paré, en tranches
75 g de nouilles « de verre »
2 cuill. à soupe d'huile
4 cives en tronçons de 3 cm
2 choux pak-choï grossièrement hachés
1 petit bouquet de coriandre grossièrement haché
1 cuill. à café de fécule de maïs
10 cl de bouillon de volaille (voir p. 13)
sel et poivre blanc

porc mariné aux nouilles « de verre »

Dans un bol, réunissez les ingrédients de la marinade et ajoutez les tranches de porc. Mélangez bien et laissez reposer 30 minutes ou, mieux, toute une nuit au réfrigérateur. Égouttez la viande et réservez l'excédent de marinade.

Faites cuire les nouilles selon les instructions données sur l'emballage ; égouttez-les et rafraîchissez-les.

Chauffez l'huile dans un wok. Ajoutez les tranches de porc et faites-les saisir vivement pendant 2 minutes. Ajoutez les cives, le pak-choï, la coriandre et poursuivez la cuisson 1 minute.

Délayez la fécule dans un peu de bouillon, versez dans le wok avec le reste de marinade et faites cuire 1 minute. Incorporez les nouilles et laissez mijoter jusqu'à obtenir une consistance épaisse et sirupeuse. Rectifiez l'assaisonnement avant de servir.

ci-contre : sauté de porc aux nouilles

pour 2 personnes

pour la marinade

3 cm de gingembre frais pelé et râpé
2 gousses d'ail pelées, finement hachées ou râpées
1 cuill. à soupe de sauce soja

100 g de filet de porc paré, en lanières
sel et poivre blanc
150 g de nouilles de riz
2 cuill. à soupe d'huile
60 g de tofu en un seul morceau
30 g de cacahouètes fraîches
1 gousse d'ail pelée et écrasée
1 petit oignon rouge pelé, finement émincé
1 piment vert épépiné, finement émincé
100 g de germes de soja
60 g de ciboulette chinoise (voir p. 11) finement émincée
1 cuill. à soupe de sauce soja foncée
feuilles de coriandre

sauté de porc aux nouilles de riz et au tofu

Dans un bol, mélangez les ingrédients de la marinade. Ajoutez les lanières de porc et mélangez ; salez et poivrez. Laissez reposer 1 heure ou, mieux, toute une nuit au réfrigérateur.

Faites cuire les nouilles selon les instructions données sur l'emballage ; égouttez-les et rafraîchissez-les.

Chauffez 1 cuillerée à soupe d'huile dans un wok, salez et poivrez le tofu et faites-le frire 2 minutes en le retournant jusqu'à obtenir une belle couleur dorée. Ôtez du feu et laissez refroidir. Faites dorer les cacahouètes 30 secondes dans l'huile chaude et égouttez-les sur du papier absorbant.

Égouttez le porc et réservez la marinade. Nettoyez le wok avec du papier absorbant, remettez sur le feu et versez le reste d'huile. Faites revenir l'ail pendant quelques secondes, ajoutez la viande et faites-la saisir 1 minute. Ajoutez l'oignon, faites-le blondir 2 ou 3 minutes, puis le piment pendant 30 secondes. Mettez enfin les nouilles, les germes de soja, la ciboulette chinoise et la moitié des cacahouètes. Versez la sauce soja, la marinade réservée et poursuivez la cuisson 3 minutes.

Coupez le tofu en quatre et ajoutez-le au mélange délicatement pour ne pas le casser. Servez saupoudré de cacahouètes et de feuilles de coriandre.

vermicelles au porc, crevettes et champignons

pour 2 personnes

- 100 g de vermicelles de riz
- 3 cuill. à soupe d'huile
- 2 cuill. à café d'échalotes finement hachées
- 1 gousse d'ail pelée, finement émincée
- 1 cm de gingembre frais, pelé et finement haché
- 40 g de porc en lanières
- 1 pincée de flocons de piment rouge séché
- 2 champignons shiitake émincés
- 1 cuill. à soupe de sauce soja
- 75 g de crevettes crues décortiquées, coupées en deux dans le sens de la longueur
- 1/2 cuill. à café de sucre
- 1 œuf légèrement battu
- 50 g de germes de soja
- 50 g de marrons en boîte, égouttés, rincés, grossièrement hachés
- 2 cives, parties vertes comprises, finement émincées
- feuilles de coriandre

Faites cuire les vermicelles selon les instructions données sur l'emballage ; égouttez-les et rafraîchissez-les.

Chauffez vivement l'huile dans un wok. Lorsqu'elle est sur le point de fumer, ajoutez les échalotes, l'ail, le gingembre et faites revenir 1 minute. Ajoutez les lanières de porc, les flocons de piment, les champignons et faites revenir pendant 2 minutes. Versez la sauce soja, puis les crevettes et faites revenir 1 minute.

Complétez par 2 cuillerées à soupe d'eau, le sucre et l'œuf. Faites rapidement prendre l'œuf et ôtez du feu. Ajoutez les nouilles, les germes de soja et les marrons. Parsemez de cives et de coriandre et servez.

nouilles au bœuf épicé

pour 2 personnes

200 g de nouilles udon
200 g d'aloyau de bœuf ou de romsteak en lanières de 5 mm d'épaisseur
1 cuill. à soupe de fécule de maïs
sel et poivre blanc
2 cuill. à soupe d'huile
3 cm de gingembre frais pelé et râpé
4 poignées de pousses d'épinards
2 cives en tronçons de 4 cm
1 cuill. à soupe de sauce soja
1 piment rouge épépiné, finement émincé
2 cuill. à soupe d'huile de sésame grillé
1 cuill. à café de graines de sésame rapidement grillées à sec dans une poêle chaude

Faites cuire les nouilles selon les instructions données sur l'emballage ; égouttez-les et rafraîchissez-les.

Mettez le bœuf, la fécule, du sel et du poivre dans un sac en plastique et remuez pour enrober la viande. Réservez.

Chauffez l'huile dans un wok et faites cuire le gingembre pendant 30 secondes. Ajoutez le bœuf et faites cuire 2 minutes. Ajoutez les épinards, les cives, 1 cuillerée à soupe d'eau et faites tomber les légumes pendant 1 minute. Ajoutez la sauce soja et le piment. Goûtez et rectifiez l'assaisonnement. Incorporez les nouilles et mélangez intimement. Servez arrosé d'huile de sésame et saupoudré de graines de sésame.

bol de bœuf aigre et épicé aux nouilles ramen

pour 2 personnes

75 g de nouilles ramen
2 gousses d'ail pelées et émincées
1 piment rouge finement émincé
1 cuill. à soupe de vinaigre de riz
1 cuill. à soupe de sauce soja
65 cl de bouillon de volaille ou de bœuf (voir p. 13)
150 g de filet de bœuf
1/2 petit oignon rouge pelé, finement émincé
2 poignées de germes de soja
1 cuill. à café de graines de sésame rapidement grillées à sec
2 cuill. à café d'huile de sésame grillé

Faites cuire les nouilles selon les instructions données sur l'emballage ; égouttez-les et rafraîchissez-les.

Émincez la viande aussi finement que possible.

Dans une casserole, réunissez l'ail, le piment, le vinaigre, la sauce soja et le bouillon. Portez à ébullition, laissez frémir 2 minutes, ajoutez le bœuf et laissez encore frémir à peine 1 minute.

Incorporez les nouilles et remuez bien. Parsemez d'oignon rouge, de germes de soja, de graines de sésame, arrosez d'huile de sésame et servez.

sauté de bœuf pimenté aux brocolis

pour 2 personnes

pour la marinade
1 piment rouge épépiné, émincé
3 cm de gingembre frais pelé et râpé
1 gousse d'ail pelée, émincée
1/2 cuill. à café de sucre
zeste et jus de 1 citron
2 cuill. à café de fécule de maïs
2 cuill. à soupe d'huile

200 g de romsteak paré, coupé en lanières
100 g de nouilles aux œufs moyennes
150 g de fleurettes de brocoli
2 cuill. à soupe d'huile
1 cuill. à soupe d'échalotes finement émincées
1 cuill. à soupe de mirin (voir p. 11)
1 cuill. à café de sauce de poisson (nam pla)
sel et poivre
sauce soja
1/2 cuill. à café de graines de sésame rapidement grillées à sec

Réunissez les ingrédients de la marinade dans un bol. Mettez-y la viande et remuez pour bien enrober les lanières. Laissez reposer 1 heure ou, mieux, toute une nuit au réfrigérateur.

Faites cuire les nouilles selon les instructions données sur l'emballage ; égouttez-les et rafraîchissez-les.

Faites blanchir les brocolis dans une casserole d'eau bouillante salée pendant 2 ou 3 minutes, en les gardant croquants. Égouttez-les et rafraîchissez-les.

Chauffez l'huile à feu vif dans un wok, faites blondir les échalotes pendant 30 secondes. Versez le bœuf et sa marinade et poursuivez la cuisson 2 minutes. Ajoutez les nouilles, les brocolis, le mirin, la sauce de poisson, 1 cuillerée à soupe de sauce soja et faites revenir pendant 2 minutes, jusqu'à ce que la viande soit cuite. Salez et poivrez ; ajoutez de la sauce soja si nécessaire.

Saupoudrez de graines de sésame et servez aussitôt.

ci-contre : bol de bœuf aigre et épicé aux nouilles ramen

wagamama

I love 2
noodle
doodle
wagamama

pour les enfants

Les enfants adorent les nouilles. Elles sont tellement faciles à manger et à aspirer, avec une fourchette, des baguettes ou même les doigts ! Les nouilles jouent le jeu, les enfants aussi. Ce qui préoccupe les adultes ne gêne pas les enfants.

Les recettes de ce chapitre sont courtes, leurs ingrédients simples, comme les enfants les aiment. Elles sont faciles à préparer. Faites participer les enfants, laissez-les jouer, c'est la meilleure manière de les intéresser à la nourriture, de leur faire connaître les modes de cuisson.

Moins il y a d'ingrédients, plus leur dosage et leurs combinaisons sont complexes. Mais l'objectif est surtout d'encourager les essais et l'audace : un peu moins d'ail, un peu plus de sauce soja, et voyons le résultat.

Nous avons cherché à rester simples, voire sobres. Avec l'idée que l'enthousiasme, la curiosité, le sens de l'exploration pousseront naturellement les enfants vers des plats plus complexes.

I love 2

salade printanière au sésame grillé

pour 2 personnes

pour la sauce

2 cuill. à soupe de mirin (voir p. 11)
2 cuill. à soupe de vinaigre de riz
2 cuill. à soupe de sauce aux huîtres
1 cuill. à soupe de sauce douce au piment (voir p. 16)
1 gousse d'ail pelée et hachée
3 cm de gingembre frais, pelé et râpé

100 g de vermicelles de riz
1 poignée de haricots mange-tout
1 cuill. à soupe de petits pois frais cuits
1/2 poivron rouge épépiné, finement émincé
1 petite courgette finement émincée
4 radis finement émincés
1 poignée de pousses d'épinards
sel et poivre blanc
2 cuill. à café de graines de sésame grillées à sec dans une poêle

Faites cuire les vermicelles selon les instructions données sur l'emballage, égouttez-les et rafraîchissez-les rapidement sous l'eau froide. Hachez-les grossièrement.

Mélangez les ingrédients de la sauce dans un bol et mettez-y les vermicelles tièdes en remuant.

Ajoutez les haricots, les petits pois, le poivron, la courgette, les radis, les nouilles et mélangez intimement. Goûtez, salez et poivrez.

Servez saupoudré de graines de sésame grillé.

curry léger de légumes aux nouilles

pour 2 personnes

150 g de nouilles somen blanches et fines
1 cuill. à soupe d'huile
1 oignon rouge pelé, finement émincé
1 poivron rouge épépiné, émincé
1/2 chou chinois finement émincé
8 petits champignons de Paris finement émincés
1 cuill. à soupe de sauce kare lomen (voir p. 21)
1 cuill. à soupe de sauce soja
sel et poivre blanc
1/2 cuill. à café de sucre
1/2 cuill. à café de dashi no moto (voir p. 11)
1 poignée de germes de soja
1 bouquet de coriandre effeuillé
1/2 concombre en julienne

Faites cuire les nouilles selon les instructions données sur l'emballage ; égouttez-les et rafraîchissez-les.

Dans un wok, chauffez l'huile à feu moyen et faites revenir l'oignon, le poivron, le chou et les champignons pendant 2 minutes. Ajoutez la sauce kare lomen et poursuivez la cuisson 5 minutes jusqu'à obtenir une belle couleur blonde. Le mélange dégage alors des parfums ronds et doux. Versez la sauce soja et 15 cl d'eau, salez et poivrez, ajoutez le sucre et le dashi no moto ; laissez frémir 1 minute.

Répartissez les nouilles dans deux bols et disposez dessus les légumes. Servez parsemé de germes de soja, de coriandre et de julienne de concombre.

ci-contre : salade printanière au sésame grillé

crevettes façon thaïe aux nouilles de riz

pour 4 petites portions

- 100 g de nouilles de riz larges
- 1 cuill. à soupe d'huile
- 1 gousse d'ail pelée, finement hachée
- 2 tiges de citronnelle sans les feuilles extérieures, finement hachées
- 1 œuf battu, salé et poivré
- 150 g de crevettes crues décortiquées
- 1 cuill. à soupe de sauce de poisson (nam pla)
- 1 cuill. à café de sucre roux
- 2 cuill. à café de sauce soja
- 1 bonne poignée de cacahouètes grillées, grossièrement hachées
- 1 poignée de germes de soja
- 1 petit bouquet de coriandre effeuillé

Faites cuire les nouilles selon les instructions données sur l'emballage ; égouttez-les et rafraîchissez-les.

Chauffez l'huile dans un wok et faites revenir l'ail et la citronnelle pendant 30 secondes. Incorporez l'œuf, remuez le wok 30 secondes, puis ajoutez les nouilles, les crevettes, la sauce de poisson, le sucre, la sauce soja et la moitié des cacahouètes. Remuez pour faire cuire les crevettes pendant 2 minutes.

Ajoutez les germes de soja et la coriandre. Rectifiez l'assaisonnement et remuez pendant 1 minute pour réchauffer l'ensemble.

Saupoudrez du reste de cacahouètes et servez aussitôt.

sauté de crevettes aux petits pois

pour 4 petites portions

- 150 g de nouilles fines aux œufs
- 1 cuill. à soupe d'huile
- 1 gousse d'ail pelée, finement hachée
- 1 cm de gingembre frais, pelé et finement haché
- 150 g de crevettes crues décortiquées
- 3 cuill. à soupe de petits pois congelés (à décongeler)
- 1 cuill. à soupe de sauce soja
- 1 cuill. à café de fécule de maïs délayée dans 2 cuill. à soupe d'eau
- 15 cl de bouillon de volaille (voir p. 13)
- sel et poivre blanc

Faites cuire les nouilles selon les instructions données sur l'emballage ; égouttez-les et rafraîchissez-les.

Chauffez l'huile dans un wok et faites-y revenir l'ail et le gingembre. Ajoutez les crevettes et poursuivez la cuisson pendant 1 minute. Ajoutez les petits pois, faites cuire 1 minute, puis incorporez les nouilles, la sauce soja, la fécule délayée et le bouillon. Salez, poivrez, réchauffez le tout et servez aussitôt.

ci-contre : crevettes façon thaïe aux nouilles de riz

pour 2 personnes

125 g de nouilles aux œufs moyennes
2 cuill. à café d'huile
1 cuill. à soupe de pâte de curry rouge (voir p. 16)
1 cuill. à soupe de lait de coco
jus de 1 citron vert
2 cuill. à café de sauce de poisson (nam pla)
2 cuill. à café d'échalotes finement hachées
500 g de moules nettoyées et ébarbées
1 poignée d'épinards frais

moules aux nouilles façon thaïe

Faites cuire les nouilles selon les instructions données sur l'emballage ; égouttez-les et rafraîchissez-les.

Chauffez l'huile dans un wok (ou une sauteuse avec couvercle) et faites fondre la pâte de curry avec le lait de coco, le jus de citron, la sauce de poisson et les échalotes pendant 3 minutes. Veillez à ce que le mélange n'attache pas et laissez cuire jusqu'à ce qu'il dégage une bonne odeur de cuit.

Ajoutez les moules et mélangez. Couvrez, baissez le feu et laissez cuire 5 minutes en secouant le wok de temps en temps pour ouvrir les moules. Découvrez et éliminez les moules restées fermées.

Incorporez les nouilles et les épinards. Rectifiez l'assaisonnement. Laissez 1 minute sur le feu pour réchauffer les nouilles et faire tomber les épinards. Servez aussitôt.

pour 4 petites portions

100 g de nouilles aux œufs moyennes
1 cuill. à soupe d'huile
1 gousse d'ail pelée, finement émincée
100 g de chair de poulet (cuisse) en morceaux
1 poignée de haricots mange-tout émincés dans le sens de la longueur
1 cuill. à soupe de sauce soja
2 cuill. à café de sauce de poisson (nam pla)
165 g de maïs doux en boîte, égoutté
sel et poivre blanc
2 cuill. à café de graines de sésame rapidement grillées à sec dans une poêle chaude
1 cuill. à café d'huile de sésame grillé
1 bouquet de coriandre effeuillé

poulet sauté aux nouilles et au maïs

Faites cuire les nouilles selon les instructions données sur l'emballage ; égouttez-les et rafraîchissez-les.

Chauffez l'huile dans un wok et faites-y revenir l'ail pendant 30 secondes. Ajoutez les morceaux de poulet et faites-les sauter entre 3 et 4 minutes, jusqu'à ce qu'ils soient cuits. Ajoutez les haricots, la sauce soja, la sauce de poisson et laissez cuire 30 secondes avant d'incorporer les nouilles et le maïs. Salez, poivrez et poursuivez la cuisson 1 minute.

Ôtez du feu, ajoutez les graines de sésame et l'huile et mélangez intimement.

Servez parsemé de feuilles de coriandre.

squid
BRAND
FISH SAUCE
生抽王

sauté de bœuf à l'orange

pour 4 petites portions

100 g de nouilles de riz larges
1 cuill. à soupe d'huile
1 gousse d'ail pelée, finement émincée
3 cm de gingembre frais pelé et râpé
200 g d'aloyau de bœuf en lanières
1 carotte moyenne en julienne
1 poignée de haricots mange-tout finement émincés dans le sens de la longueur
zeste et jus de 1 orange
1 cuill. à soupe de sauce soja
2 cuill. à café de sauce aux huîtres
1 cuill. à soupe d'huile de sésame grillé
1 poignée de germes de soja
1 cuill. à soupe de graines de sésame grillées à sec

Faites cuire les nouilles selon les instructions données sur l'emballage ; égouttez-les et rafraîchissez-les.

Chauffez l'huile dans un wok, faites revenir l'ail et le gingembre pendant 30 secondes. Ajoutez les lanières de bœuf, la carotte et faites sauter 3 minutes. Ajoutez les haricots et poursuivez la cuisson pendant 1 minute. Mettez ensuite le zeste et le jus d'orange, la sauce soja, la sauce aux huîtres, l'huile de sésame et les germes de soja. Incorporez les nouilles et mélangez en remuant pour réchauffer le tout. Rectifiez l'assaisonnement.

Servez saupoudré de graines de sésame.

poulet mariné à l'orange, au soja et au gingembre

pour 4 petites portions

pour la marinade
3 cm de gingembre frais pelé et râpé
1 gousse d'ail pelée et hachée
zeste et jus de 1 orange
1 cuill. à soupe de sauce soja
1 cuill. à soupe de sucre muscovado

200 g de poulet désossé (cuisse ou haut de cuisse) grossièrement haché
150 g de nouilles aux œufs moyennes
1 cuill. à soupe d'huile
1 poignée de haricots mange-tout finement émincés
75 g de mini-épis de maïs coupés en deux dans la longueur
10 cl de bouillon de volaille (voir p. 13)
1 cuill. à soupe de fécule de maïs
1 cuill. à soupe d'huile de sésame grillé
1 cuill. à soupe de graines de sésame grillées à sec
1 citron vert en 4 quartiers

Dans une casserole, réunissez les ingrédients de la marinade et chauffez doucement pour faire fondre le sucre. Laissez refroidir. Mettez le poulet dans la marinade ; remuez pour bien enrober les morceaux. Laissez reposer 1 heure ou, mieux, toute une nuit au réfrigérateur.

Faites cuire les nouilles selon les instructions données sur l'emballage ; égouttez-les et rafraîchissez-les.

Chauffez l'huile dans un wok, ajoutez le poulet (réservez la marinade) et faites revenir la viande jusqu'à obtenir une belle couleur dorée. Ajoutez les haricots, les épis de maïs, la marinade, le bouillon et laissez frémir 2 minutes pour faire cuire la viande et fondre les légumes. Délayez la fécule dans 1 cuillerée à soupe d'eau, versez dans le wok et faites épaissir pendant 1 minute.

Incorporez les nouilles, l'huile de sésame et mélangez bien pour réchauffer l'ensemble.

Servez saupoudré de graines de sésame, avec les quartiers de citron.

Le sucre muscovado est un sucre roux de canne très parfumé, produit à l'île Maurice.

ci-contre : sauté de bœuf à l'orange

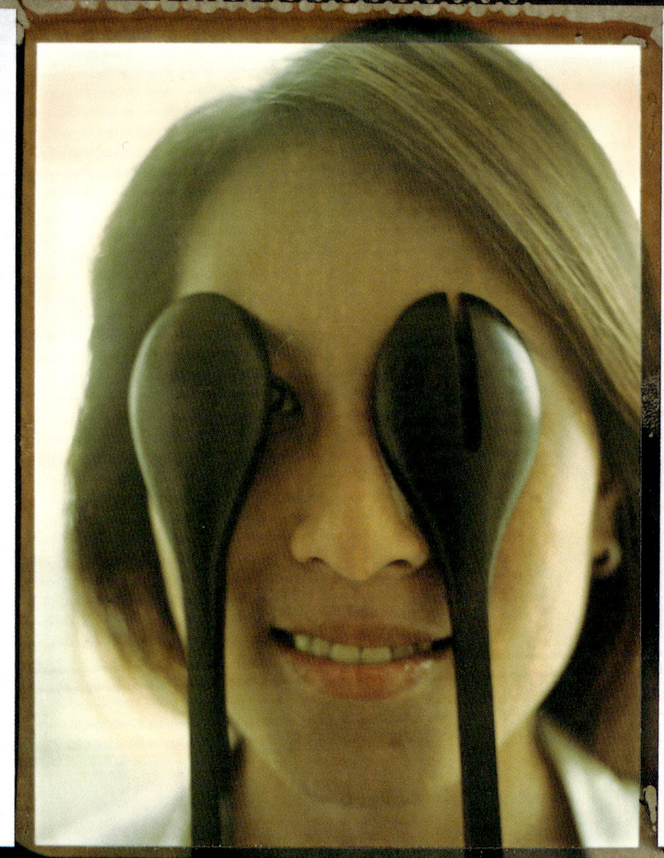

紀文
本造り
蒲鉾

salades

Des nouilles froides ? Quelle drôle d'idée ! Pourtant, on mange des nouilles froides en Asie depuis des siècles. Le repas dominical japonais par excellence est composé de nouilles de sarrasin glacées que l'on trempe dans la sauce soja. Un régal !

Dans ce chapitre, vous trouverez des salades réunissant des nouilles froides associées à d'autres ingrédients et accompagnées d'une sauce. Quoi de meilleur, en été, que des légumes croquants avec une sauce tonique et piquante au gingembre et au soja ! Ou encore une simple salade de fruits de mer et de pommes de terre agrémentée de nouilles pour le plaisir d'aspirer.

Certaines nouilles, par exemple les somen, apportent parfois, quand elles sont rafraîchies, des saveurs surprenantes. Si les germes de soja donnent du croquant, les nouilles froides ajoutent au contraire du moelleux et de la légèreté. Chaque variété, de riz ou de blé, possède ses qualités propres...

La sauce d'accompagnement a pour fonction de faire le lien entre les différents éléments. La sauce de poisson (nam pla), qui peut paraître étrange dans une salade, ajoute une agréable touche aigrelette. Le jus de citron apporte son acidité, le soja son inimitable rondeur. L'huile de sésame enveloppe le tout d'un parfum de noisette, et le sucre adoucit. En associant ces assaisonnements avec discernement et en les dosant avec justesse, vous obtiendrez des salades délicieuses.

pour 2 personnes

1 pomme de terre moyenne épluchée, en cubes de 3 cm
100 g de nouilles « de verre »
2 cuill. à soupe d'huile
1 cuill. à soupe d'échalotes finement hachées
$^1/_2$ cuill. à café de curcuma
1 cuill. à soupe de sauce de poisson (nam pla)
1 cuill. à soupe d'huile de sésame grillé
2 poignées de pousses d'épinards
zeste et jus de 1 citron
sel et poivre blanc

salade de nouilles aux épinards et à la pomme de terre

Mettez les cubes de pomme de terre dans une casserole d'eau salée froide. Portez à ébullition et laissez frémir 8 minutes (ils doivent être tendres).

Faites attendrir les nouilles dans de l'eau chaude selon les instructions données sur l'emballage ; égouttez-les et rafraîchissez-les.

Chauffez l'huile dans un wok et faites dorer les échalotes et le curcuma pendant 1 ou 2 minutes. Ajoutez la sauce de poisson, ôtez du feu et incorporez les nouilles et l'huile de sésame. Versez dans un bol.

Égouttez les dés de pomme de terre et mettez-les dans le bol en remuant pour réchauffer le tout. Ajoutez les feuilles d'épinards, le zeste et le jus de citron, remuez encore, rectifiez l'assaisonnement et servez.

pour 2 personnes

50 g de nouilles de riz moyennes
25 g de petits pois congelés
2 cives finement émincées
6 radis finement émincés
5 cm de concombre en demi-rondelles
1 petite poignée de germes de soja
1 piment rouge épépiné, finement émincé (ou selon votre goût)
1 petite poignée de haricots mange-tout finement émincés
2 cuill. à café de sauce de poisson (nam pla)
1 cuill. à café de sucre roux
1 cuill. à café de sauce soja
zeste et jus de 1 citron vert
1 cm de gingembre frais, pelé et râpé
1 gousse d'ail pelée et émincée
huile de sésame grillé
sel et poivre blanc
2 cuill. à soupe de coriandre hachée
2 cuill. à café de cacahouètes grillées grossièrement hachées

salade de nouilles aux petits pois et aux crudités

Faites cuire les nouilles selon les instructions données sur l'emballage ; égouttez-les et rafraîchissez-les.

Faites cuire les petits pois à l'eau bouillante non salée pendant 1 minute, puis rafraîchissez-les en les plongeant dans de l'eau froide puis égouttez-les. Dans un saladier, mélangez les petits pois avec les autres légumes et les nouilles.

Dans une casserole, réunissez la sauce de poisson, le sucre et la sauce soja. Chauffez pour dissoudre le sucre. Ajoutez le zeste et le jus de citron vert, le gingembre, l'ail, 1 cuillerée à soupe d'huile de sésame et versez dans le saladier en remuant bien. Salez, poivrez et finissez par un filet d'huile de sésame.

Servez parsemé de feuilles de coriandre et de cacahouètes.

ci-contre : salade de nouilles aux épinards et à la pomme de terre

salade de crudités aux nouilles soba

pour 2 personnes

pour la sauce

1 cuill. à café de miel
1 cuill. à café de sauce de poisson (nam pla)
1 cuill. à café de vinaigre de riz
1 cuill. à café de mirin (voir p. 11)

100 g de nouilles soba
zeste et jus de 1 citron vert
8 radis finement émincés
1/2 concombre épépiné, finement émincé
1 carotte en julienne
1 bouquet de menthe, effeuillé, grossièrement haché
2 poignées d'épinards frais grossièrement hachés
sel et poivre blanc

Faites cuire les nouilles selon les instructions données sur l'emballage ; égouttez-les et rafraîchissez-les.

Mélangez les ingrédients de la sauce dans une casserole, portez à ébullition puis laissez refroidir. Ajoutez le zeste et jus de citron vert.

Dans un bol, réunissez les nouilles, les radis, le concombre, la carotte, la menthe et les feuilles d'épinards. Versez la sauce refroidie et mélangez bien. Rectifiez l'assaisonnement et servez.

salade estivale au gingembre mariné

pour 2 personnes

100 g de vermicelles de riz
1 botte d'asperges nettoyées
1 cuill. à soupe d'huile
2 œufs battus, salés et poivrés
1/2 concombre en julienne
1 carotte moyenne en julienne
1 poignée de germes de soja
1 piment rouge épépiné, émincé
1 poignée de feuilles de menthe
1 feuille de nori (algue)
1 cuill. à café de graines de sésame

pour la sauce

1 cuill. à café de sauce soja
2 cuill. à café de gingembre mariné grossièrement haché
1 cuill. à café de sauce de poisson (nam pla)
2 cuill. à café de mirin (voir p. 11)
jus de 1 citron vert

Faites cuire les vermicelles selon les instructions de l'emballage, égouttez-les et rafraîchissez-les. Hachez-les grossièrement.

Faites cuire les asperges à l'eau bouillante salée pendant 3 à 5 minutes (selon leur grosseur) en les gardant légèrement fermes. Égouttez-les, rafraîchissez-les et coupez-les en deux.

Chauffez l'huile dans un wok. Versez les œufs et remuez le wok de façon à en tapisser le fond. Laissez prendre environ 1 minute. Ôtez du feu et laissez refroidir. Roulez cette omelette et coupez-la en fines lanières.

Mélangez les lanières d'omelette, les vermicelles, les asperges avec le concombre, la carotte, les germes de soja et le piment.

Réunissez les ingrédients de la sauce. Versez sur la salade et mélangez.

Transférez le tout dans un saladier. Servez parsemé de feuilles de menthe, de nori grossièrement déchiqueté et de graines de sésame.

ci-contre : salade de crudités aux nouilles soba

salade de nouilles aux légumes marinés

pour 2 personnes

2 cuill. à café de mirin (voir p. 11)
2 cuill. à café de sauce soja
2 cuill. à café d'huile de sésame grillé
1 pincée de sucre
1 gousse d'ail pelée et écrasée
100 g de kimchee (voir p. 11) grossièrement haché (sans le jus, réservé)
1 concombre coupé en fines lanières au couteau éplucheur
1 oignon rouge pelé, finement émincé
2 carottes en julienne
150 g de nouilles somen
1 cuill. à café de graines de sésame rapidement grillées à sec dans une poêle chaude
2 cuill. à café de cacahouètes grillées concassées

Mélangez le mirin, la sauce soja, l'huile de sésame, le sucre, l'ail et le kimchee. Ajoutez le concombre, l'oignon rouge et les carottes. Mélangez délicatement, puis réservez.
Faites cuire les nouilles selon les instructions données sur l'emballage ; égouttez-les et rafraîchissez-les.

Ajoutez les nouilles, les graines de sésame et le jus de kimchee à la salade et mélangez encore.

Servez saupoudré de cacahouètes.

salade de champignons aux nouilles somen

pour 2 personnes

100 g de petits champignons de Paris coupés en quatre
1 cuill. à soupe de vinaigre de riz
2 gousses d'ail pelées et hachées
1 bouquet de coriandre (feuilles à part ; tiges finement hachées)
2 cuill. à soupe d'huile
1 cuill. à soupe d'huile de sésame grillé
75 g de nouilles somen
1 cuill. à soupe de sauce soja
1 cuill. à soupe de sauce douce au piment (voir p. 16)
4 cives finement émincées
2 petites laitues sucrines finement émincées
1 carotte pelée, en bâtonnets
1 bouquet de menthe grossièrement haché
1 citron vert coupé en deux

Dans une casserole, mélangez les champignons avec le vinaigre de riz, l'ail, les tiges de coriandre, les deux huiles et 2 cuillerées à soupe d'eau. Faites frémir à couvert pendant 8 à 10 minutes en remuant de temps en temps. Les champignons doivent rester fermes. Laissez refroidir.

Faites cuire les nouilles selon les instructions données sur l'emballage ; égouttez-les et rafraîchissez-les.

Mélangez les nouilles, la sauce soja, la sauce au piment, les cives, la laitue, la carotte, la menthe et les feuilles de coriandre. Ajoutez les champignons et leur jus et mélangez à nouveau.

Servez avec le citron vert.

ci-contre : salade de nouilles aux légumes marinés

pour 2 personnes

12 crevettes cuites décortiquées
1 cuill. à café de sucre roux
2 cuill. à café de sauce de poisson (nam pla)
jus de 1 citron vert
1 cuill. à soupe d'huile
100 g de nouilles « de verre »
6 asperges en tronçons de 4 cm
1/2 de concombre épépiné en julienne
6 radis finement émincés
1 piment rouge épépiné, finement émincé (ou selon votre goût)
1 gousse d'ail pelée, finement émincée
2 cives finement émincées
1 bouquet de coriandre effeuillé, les tiges finement hachées
2 cuill. à café de graines de sésame rapidement grillées à sec dans une poêle chaude

salade de crevettes et d'asperges aux nouilles « de verre »

Mélangez les crevettes avec le sucre, la sauce de poisson, le jus de citron vert et l'huile.

Faites cuire les nouilles selon les instructions données sur l'emballage ; égouttez-les et rafraîchissez-les.

Faites cuire les asperges à l'eau bouillante salée pendant 3 à 5 minutes (selon leur grosseur), égouttez-les et rafraîchissez-les.

Mélangez les asperges, le concombre, les radis et les nouilles. Ajoutez le piment, l'ail, les cives et les tiges de coriandre et enfin les crevettes. Mélangez bien. Servez, généreusement parsemé de feuilles de coriandre et de graines de sésame.

Si les crevettes sont crues, faites-les cuire en démarrant la cuisson doucement, dans de l'eau froide salée. Portez à ébullition et laissez frémir 2 ou 3 minutes. Égouttez les crevettes et décortiquez-les. Leur chair restera ainsi moelleuse et savoureuse.

salade aux fruits de mer

pour 2 personnes

pour la sauce

1 cuill. à soupe d'huile de sésame grillé
2 cuill. à soupe de sauce soja
1/2 cuill. à café de sucre
2 cuill. à soupe de vinaigre de riz
2 cives finement émincées
3 cm de gingembre frais, pelé et râpé
2 gousses d'ail pelée et hachée avec 1 pincée de sel

100 g de nouilles « de verre »
1 petite laitue sucrine nettoyée et émincée
1 petite poignée de haricots mange-tout finement émincés dans le sens de la longueur
1 petite poignée de germes de soja
1/2 de concombre épépiné, en julienne
1 cuill. à soupe d'huile
4 noix de saint-jacques nettoyées
4 crevettes crues décortiquées
8 clams rincés et égouttés
1 poignées d'épinards frais
1 bouquet de coriandre effeuillé

Faites tremper les nouilles dans de l'eau chaude selon les instructions données sur l'emballage. Égouttez-les et rafraîchissez-les. Hachez-les grossièrement et réservez dans un bol.

Dans un saladier, réunissez les ingrédients de la sauce et remuez pour dissoudre le sucre. Ajoutez la laitue, les haricots, les germes de soja et le concombre. Mélangez bien puis rectifiez l'assaisonnement.

Chauffez l'huile dans un wok à feu moyen et faites sauter les saint-jacques (tranchez-les en deux dans l'épaisseur si elles sont grosses), les crevettes et les clams pendant 2 minutes (les clams doivent s'ouvrir). Ajoutez les épinards, faites-les fondre rapidement. Versez le contenu du wok dans le saladier. Mélangez bien en incorporant la coriandre et servez aussitôt.

salade au kamaboko-aka

pour 2 personnes

100 g de nouilles « de verre »
1 kamaboko-aka rouge entier (voir p. 11), tranché
1 branche de céleri finement émincée
1 cuill. à soupe d'échalotes finement émincées
1 poignée de germes de soja
1 petite laitue sucrine effeuillée
1 cuill. à café de sauce de poisson (nam pla)
1 cuill. à café de sauce soja
sel et poivre blanc

Faites cuire les nouilles selon les instructions données sur l'emballage ; égouttez-les et rafraîchissez-les.

Mélangez le kamaboko-aka, le céleri, les échalotes, les germes de soja, la laitue, les nouilles, la sauce de poisson et la sauce soja. Salez et poivrez. Mélangez bien avant de servir.

ci-contre : salade aux fruits de mer

salade aux nouilles somen, noix de saint-jacques et kamaboko-aka

pour 2 personnes

pour la sauce
12 cl de sauce soja
12 cl de vinaigre de riz
1 cuill. à café d'huile de sésame grillé
1 cuill. à café de sucre

100 g de nouilles somen
1 petite laitue sucrine nettoyée et émincée
1/2 concombre coupé en fines lanières avec un couteau éplucheur
1/2 poivron rouge émincé
1 feuille de nori (algue) en lanières de 1 cm
2 cives finement émincées
1 cuill. à soupe d'huile
6 noix de saint-jacques tranchées horizontalement
1/2 kamaboko-aka (voir p. 11) en tranches de 2 mm
1 cuill. à café de graines de sésame grillées dans une poêle

Dans un bol, réunissez les ingrédients de la sauce.

Faites cuire les nouilles selon les instructions données sur l'emballage ; égouttez-les et rafraîchissez-les.

Prélevez la moitié de la sauce (le reste se conserve au réfrigérateur pendant au moins une semaine et peut servir à d'autres salades ou plats de nouilles). Mélangez-la avec la laitue, le concombre, le poivron, le nori, les cives et les nouilles. Dressez la salade dans le plat de service.

Chauffez l'huile dans un wok. Salez et poivrez les saint-jacques et faites-les sauter 1 ou 2 minutes. Disposez-les sur la salade avec les tranches de kamaboko-aka. Servez saupoudré de graines de sésame.

salade aux vermicelles de riz et aux crevettes

pour 2 personnes

100 g de vermicelles de riz
200 g de crevettes crues décortiquées
3 cm de gingembre frais, pelé et râpé
2 gousses d'ail pelées et hachées
1 cuill. à soupe de sauce de poisson (nam pla)
2 cuill. à soupe d'huile
1 bouquet de cives en tronçons de 6 cm
1 piment rouge finement haché
1 poignée de germes de soja
2 cuill. à soupe de sauce miso douce (voir p. 23)
1 bouquet de coriandre effeuillé
1 cuill. à soupe de graines de sésame grillées dans une poêle

Faites cuire les vermicelles selon les instructions données sur l'emballage ; égouttez-les et rafraîchissez-les.

Mélangez les crevettes avec le gingembre, l'ail et la sauce de poisson.

Chauffez l'huile à feu moyen dans un wok, ajoutez le mélange aux crevettes, remuez et faites sauter 2 ou 3 minutes pour enrober tous les ingrédients. Incorporez les nouilles, les cives, le piment, les germes de soja et retirez aussitôt du feu.

Incorporez la sauce miso et servez parsemé de feuilles de coriandre et de graines de sésame.

salade de nouilles à la mangue, au crabe et aux crevettes

pour 2 personnes

pour la sauce

3 cm de gingembre frais pelé et râpé
2 gousses d'ail pelées et émincées
jus de 1 citron vert
1 cuill. à soupe d'huile
1/2 cuill. à café de sucre
1 cuill. à soupe de sauce de poisson (nam pla)
1 cuill. à soupe de sauce soja

100 g de nouilles de riz
1 mangue pelée, grossièrement hachée
2 cuill. à soupe de chair de crabe cuite
150 g de crevettes cuites, décortiquées
1 petit bouquet de feuilles de menthe grossièrement hachées

Faites cuire les nouilles selon les instructions données sur l'emballage ; égouttez-les et rafraîchissez-les.

Dans un saladier, mélangez les ingrédients de la sauce. Ajoutez les nouilles et remuez pour qu'elles soient bien enrobées de sauce.

Ajoutez la mangue, la chair de crabe, les crevettes et la menthe. Rectifiez l'assaisonnement et servez.

salade au bar mariné

pour 2 personnes

100 g de nouilles « de verre »
250 g de filets de bar sans la peau
1 cuill. à soupe d'huile
sel
2 cuill. à soupe de sauce tori kara age (voir p. 21)
feuilles d'une petite laitue sucrine
1 poignée de germes de soja
3 cives finement émincées
1 poignée de pousses d'épinards
1/2 de concombre épépiné, en julienne
1 cuill. à soupe de feuilles de menthe hachées
1 gousse d'ail pelée, finement émincée
2 cm de gingembre frais pelé, en julienne
1 cuill. à soupe de sauce soja
1 citron coupé en deux

Faites tremper les nouilles dans de l'eau chaude selon les instructions données sur l'emballage. Égouttez-les et rafraîchissez-les.

Préchauffez le gril du four. Coupez le poisson en gros dés. Enduisez-le d'huile, salez et faites cuire pendant 3 ou 4 minutes sous le gril chaud. Puis mettez le poisson dans un bol, versez la sauce tori kara age et laissez reposer 5 minutes.

Dans un saladier, réunissez les nouilles, la laitue, les germes de soja, les cives, les feuilles d'épinards, le concombre, la menthe, l'ail, le gingembre et la sauce soja. Mélangez bien tous les ingrédients et répartissez la salade dans deux bols. Posez dessus le poisson avec sa sauce et 1 demi-citron. Servez aussitôt.

salade tiède au poulet teriyaki

pour 2 personnes

pour la marinade

2 cuill. à soupe de saké
2 cuill. à soupe de mirin (voir p. 11)
2 cuill. à soupe de sauce soja
1 cuill. à café de sucre roux
3 cm de gingembre frais, pelé et râpé
2 gousses d'ail pelées, finement hachées

200 g de poulet (cuisse ou haut de cuisse) grossièrement haché
100 g de vermicelles de riz
2 cuill. à café d'huile de sésame grillé
1 cuill. à soupe d'huile
2 poignées de germes de soja
1 petite laitue sucrine effeuillée et émincée
1 piment rouge épépiné, finement haché
4 cuill. à soupe de petits pois congelés (à décongeler)
1 bouquet de coriandre effeuillé
sel et poivre blanc
1 cuill. à soupe de cacahouètes salées, grossièrement hachées

Dans une casserole, réunissez les ingrédients de la marinade ; chauffez doucement pour dissoudre le sucre. Laissez refroidir. Mettez le poulet dans la marinade et laissez reposer 1 heure ou, mieux, toute une nuit au réfrigérateur.

Faites cuire les vermicelles selon les instructions données sur l'emballage ; égouttez-les et rafraîchissez-les. Versez l'huile de sésame et mélangez.

Chauffez l'huile à feu moyen dans un wok. Ajoutez le poulet et sa marinade, et faites cuire environ 4 minutes jusqu'à ce que le liquide réduise et épaississe. Ôtez du feu.

Réunissez les nouilles, les germes de soja, la laitue, le piment, les petits pois et les feuilles de coriandre. Salez, poivrez et mélangez bien. Répartissez la salade dans deux assiettes, disposez dessus le poulet et sa sauce. Servez parsemé de cacahouètes.

pour 2 personnes

100 g de nouilles
aux œufs moyennes
1 cuill. à soupe d'huile
de sésame grillé

pour la sauce
2 gousses d'ail
1 cm de gingembre frais pelé
et râpé
1 cuill. à soupe d'huile
de sésame grillé
1 cuill. à soupe de sauce soja
1 cuill. à soupe de vinaigre de riz
1 cuill. à café de vinaigre noir
chinois (dans les épiceries
asiatiques)
1 cuill. à café de sucre roux

100 g de blanc de poulet cuit,
en grosses lanières
1/2 concombre coupé en fines
lanières au couteau éplucheur
4 radis émincés
2 poignées de germes de soja
2 cives finement émincées
1 cuill. à soupe de graines
de sésame rapidement grillées
à sec dans une poêle chaude

salade de nouilles et de poulet au sésame

Faites cuire les nouilles selon les instructions données sur l'emballage ; égouttez-les et rafraîchissez-les. Ajoutez l'huile de sésame, mélangez bien et réservez.

Dans un saladier, réunissez les ingrédients de la sauce et ajoutez le blanc de poulet.

Versez le contenu du saladier sur les nouilles, remuez bien. Disposez dessus les rubans de concombre, les rondelles de radis et les germes de soja. Parsemez de graines de sésame et servez aussitôt.

salade de nouilles et de poulet à la mangue

pour 2 personnes

- 100 g de haricots verts équeutés, en tronçons de 4 cm
- 1 poivron rouge épépiné, finement émincé
- 2 blancs de poulet, sans la peau
- 100 g de nouilles de riz
- jus de 2 citrons verts
- 2 cuill. à café de sucre roux
- 2 cuill. à soupe de sauce soja
- 50 g de mangue en dés de 1 cm
- 1 bouquet de feuilles de menthe grossièrement hachées
- 60 g de cacahouètes salées et grillées, grossièrement hachées
- sel et poivre blanc

Faites cuire les haricots pendant 4 minutes dans une grande casserole d'eau bouillante salée en conservant aux légumes leur croquant. Ajoutez le poivron, faites reprendre l'ébullition, puis sortez aussitôt les légumes à l'aide d'une écumoire. Rafraîchissez-les et égouttez-les ; réservez.

Portez l'eau à ébullition de nouveau et plongez-y les blancs de poulet. Baissez le feu et laissez cuire 6 à 8 minutes. Retirez le poulet, laissez-le refroidir puis coupez-le en cubes.

Portez l'eau à ébullition une dernière fois, ajoutez les nouilles et faites-les cuire selon les instructions données sur l'emballage. Égouttez-les et rafraîchissez-les.

Dans un saladier, mélangez au fouet le jus de citron et le sucre puis versez la sauce soja. Incorporez les légumes, les nouilles, le poulet, la mangue et la menthe. Salez, poivrez et mélangez délicatement. Goûtez et rectifiez l'assaisonnement.

Servez saupoudré de cacahouètes.

salade de nouilles somen au poulet et à la coriandre

pour 2 personnes

- 100 g de nouilles somen
- 2 cuill. à café de tahin (pâte de sésame)
- 3 cm de gingembre frais pelé et râpé
- 1 petit piment jalapeño (ou un autre petit piment vert) épépiné, finement haché
- 2 cuill. à café de sauce soja
- 2 cuill. à café de vinaigre de riz
- 1 cuill. à soupe d'huile
- sel et poivre blanc
- 100 g de poulet (cuisse) désossé, grossièrement haché
- 1 petite laitue sucrine finement émincée
- 1/2 concombre coupé en fines lanières au couteau éplucheur
- 1 poignée de feuilles de menthe
- 1 poignée de feuilles de coriandre

Faites cuire les nouilles selon les instructions données sur l'emballage. Égouttez-les et rafraîchissez-les.

Dans un bol, mélangez le tahin, le gingembre, le piment, la sauce soja et le vinaigre de riz.

Chauffez l'huile dans un wok. Salez et poivrez les morceaux de poulet et faites-les sauter jusqu'à obtenir une belle couleur dorée. Ajoutez la sauce au tahin avec 2 cuillerées à soupe d'eau chaude puis ôtez du feu. Dans un saladier, mélangez délicatement le poulet, la sauce, les nouilles, la laitue, le concombre, la menthe et la coriandre. Rectifiez l'assaisonnement et servez.

salade de nouilles somen au canard mariné

pour 2 personnes

pour la marinade

1 cuill. à café de vinaigre de riz
1 cuill. à café de miel
1 cuill. à café de sauce soja

1 filet de canard tranché en biais
1 cuill. à soupe d'huile
200 g de nouilles somen
1 botte de cives coupées en deux en longueur
½ concombre épépiné, en julienne
1 carotte en julienne
2 cuill. à soupe de sauce hoisin
sel et poivre blanc
2 cuill. à café de graines de sésame rapidement grillées à sec dans une poêle chaude

Dans une casserole, réunissez les ingrédients de la marinade avec 10 cl d'eau froide. Portez à ébullition, puis ôtez du feu dès que le miel a fondu. Laissez refroidir. Versez la marinade sur les tranches de canard ; retournez celles-ci pour bien les enrober. Laissez reposer 1 heure ou, mieux, toute une nuit au réfrigérateur.

Sortez le canard de la marinade. Chauffez l'huile dans un wok et faites revenir les morceaux pendant 3 ou 4 minutes. Réservez.

Faites cuire les nouilles selon les instructions données sur l'emballage. Égouttez-les et rafraîchissez-les.

Dans un saladier, mélangez les nouilles, les cives, le concombre, la carotte et la sauce hoisin. Ajoutez le canard et mélangez pour bien enrober tous les ingrédients. Salez et poivrez.
Servez saupoudré de graines de sésame.

salade aux vermicelles de riz et au poulet

pour 2 personnes

50 g de vermicelles de riz
1 cuill. à soupe d'huile
3 cm de gingembre frais pelé et râpé
2 cuill. à café de sauce soja
zeste et jus de 1 citron vert
2 cuill. à café d'huile de sésame grillé
75 g de blancs de poulet cuits, tranchés
1 petite laitue sucrine finement émincée
1 piment rouge épépiné, finement émincé
2 cives finement émincées
1 poignée de germes de soja
½ concombre épépiné, finement émincé
1 cuill. à soupe de cacahouètes grillées grossièrement hachées
1 poignée de feuilles de coriandre

Faites cuire les vermicelles selon les instructions données sur l'emballage. Égouttez-les et rafraîchissez-les sous l'eau froide. Hachez-les grossièrement.

Dans un saladier, mélangez l'huile, le gingembre, la sauce soja, le jus et le zeste de citron vert ainsi que l'huile de sésame. Ajoutez les nouilles en remuant, puis le poulet, la laitue, le piment, les cives, les germes de soja et le concombre.

Servez parsemé de cacahouètes et de feuilles de coriandre.

ci-contre : salade de nouilles somen au canard mariné

Chee Seng
烏麻油
100% PURE BLACK
ミツカン
味わい・すっきり

salade au porc mariné et nouilles somen

pour 2 personnes

pour la marinade

2 cuill. à café de sauce char siu (sauce barbecue chinoise)
1 gousse d'ail pelée, finement hachée
1 pincée de cinq-épices
1 pincée de cannelle en poudre
2 cuill. à café de saké
2 cuill. à café de vinaigre de riz ou de jus de citron

75 g de filet mignon de porc
2 cuill. à soupe d'huile
125 g de sucre
12 cl de sauce soja
12 cl de vinaigre de riz
100 g de nouilles somen
2 œufs battus salés et poivrés
1 petite laitue sucrine finement émincée
1/3 de concombre épépiné, finement émincé
3 cives finement émincées en diagonale
1/2 rouleau de kamaboko-aka (voir p. 11) en tranches de 2 mm
1 feuille de nori (algue) en lanières
sel et poivre blanc
1 cuill. à café d'huile de sésame grillé
1/2 cuill. à café de graines de sésame rapidement grillées à sec dans une poêle chaude
1/2 cuill. à café de graines de sésame noir

Réunissez les ingrédients de la marinade dans un sac en plastique (de type congélation), ajoutez le filet mignon et malaxez quelques minutes.

Laissez reposer toute une nuit au réfrigérateur.

Préchauffez le four à 200 °C (therm. 6-7). Dans une poêle, chauffez 1 cuillerée à soupe d'huile et faites saisir la viande pendant 2 ou 3 minutes en la retournant pour qu'elle dore de toutes parts. Transférez dans un plat à rôtir et enfournez pendant 10 minutes. Sortez la viande du four, laissez-la reposer 5 minutes et coupez-la en tranches de 5 mm d'épaisseur.

Préparez la sauce en mélangeant le sucre, la sauce soja et le vinaigre de riz ; remuez jusqu'à ce que le sucre soit dissous.

Faites cuire les nouilles selon les instructions données sur l'emballage ; égouttez-les et rafraîchissez-les.

Chauffez le reste d'huile dans un wok. Versez-y l'œuf et remuez le wok de façon à en tapisser le fond. Faites prendre pendant 1 minute environ. Ôtez du feu et laissez refroidir. Roulez cette omelette et coupez-la en fines lanières.

Pour servir, mélangez dans un saladier la viande, les nouilles, les lanières d'omelette, la laitue, le concombre, les cives, le kamaboko-aka et le nori. Battez la sauce au fouet et versez-en 3 cuillerées à soupe sur la salade (vous conserverez le reste plusieurs semaines au réfrigérateur dans un récipient hermétique). Remuez bien pour enrober tous les ingrédients. Salez, poivrez, arrosez d'huile de sésame et saupoudrez de graines de sésame.

online at www.wagamama.com or
from all good bookstores
wagamama

wagamama
chia-yu
wagamama
ワガママ

wagaman

à boire

Pour trouver la boisson idéale qui s'accorde avec les nouilles, faites confiance à vos goûts personnels. Le thé est très populaire, surtout le thé vert. Mais si vous préférez un thé plus classique, rien ne s'y oppose. Certains optent pour la bière : chez wagamama nous aimons surtout les bières japonaises. Les jus et les cocktails ont la préférence des amateurs de vitamines et de saveurs fruitées. Le vin convient également ; attention cependant, car certains vins se marient mieux que d'autres avec les plats épicés. Vin rouge ou vin blanc, peu importe, les nouilles s'accordent avec les deux. Vous pouvez aussi finir le repas avec un petit verre de saké. Ou encore de l'eau plate, de préférence glacée.

les jus de légumes et de fruits

Les ventes de jus de fruits et de légumes sont en constante augmentation. Les jus attirent pour leurs saveurs et leur indéniable capital santé. Certains cocktails sont presque un repas à eux seuls. Un verre de jus frais – carotte, concombre, tomate, orange et pomme – permet d'attendre le bol de nouilles d'une délicieuse façon.

À la maison, à moins de posséder une centrifugeuse, on ne peut réaliser que des jus de fruits pressés (orange, pamplemousse, citron). La centrifugeuse sépare la pulpe du jus et permet toutes les combinaisons. Avec un mixeur, on peut cependant faire des jus de fruits à base de mangue, de banane et de fruits rouges : ils sont légèrement plus épais et très nourrissants.

Les propositions suivantes nécessitent l'utilisation d'un mixeur ou d'un robot ménager. Pour les jus de légumes, une centrifugeuse est indispensable.

jus d'orange, litchi et raisin à la menthe

pour 1 personne

1 orange pelée à vif, épépinée
20 grains de raisin rouge sans pépins
10 litchis frais ou en boîte
10 brins de menthe

Réunissez tous les ingrédients dans le mixeur et réduisez en purée fine et lisse. Servez aussitôt.

cocktail de banane, poire, miel et citron vert

pour 1 personne

1 petite banane épluchée
1 poire épluchée, nettoyée
1 citron vert pelé à vif
2 cuill. à café de miel

Réunissez tous les ingrédients dans le mixeur et réduisez rapidement en purée fine et lisse. Servez aussitôt.

l'eau

Si vous optez pour des plats épicés, évitez l'eau pétillante car les bulles accentuent le côté relevé du piment. L'eau plate bien fraîche calme la soif et nettoie le palais.

le thé

Le thé vert est préférable au thé noir. En effet, les tannins du thé noir tendent à dominer la saveur des nouilles et parfois même des autres ingrédients. Le thé au jasmin, au contraire, est en général dominé par le goût des aliments. C'est pourquoi le thé vert s'avère un excellent choix intermédiaire. Il en existe des centaines de variétés et les connaisseurs y distinguent des nuances subtiles. Essayez et choisissez vos préférés.

thé et riz

pour 2 personnes

250 g de riz cuit
100 g de chair de poisson cuit, effeuillée
50 cl de thé vert
1 feuille de nori (algue) grossièrement déchirée

Versez le thé sur le riz et le poisson, éparpillez le nori et dégustez.

Ce mode de préparation est très populaire au Japon, car il permet d'accommoder les restes de riz et d'en faire une sorte de bouillie. La tentation est grande d'ajouter d'autres ingrédients (comme ici le poisson) mais il s'agit d'un repas frugal, sans sophistication.

infusion de citronnelle, gingembre et miel

pour 1 personne

1 cm de citronnelle écrasée
1 cuill. à café de gingembre frais, pelé et râpé
2 cuill. à café de miel

Mélangez tous les ingrédients dans un pichet et versez une bonne tasse d'eau chaude. Laissez infuser 5 minutes, filtrez et servez.

CHOYA SAKE
SMOOTH
AND DRY
蝶矢
チョーヤ 清酒
CHOYA SAKE CO., LTD. OSAKA JAPAN
NET CONT. 72cl
CONTENT: 13.5% Vol.
PRODUCE OF JAPAN

le vin

Si vous aimez le vin blanc, choisissez un vin sec et frais (à l'acidité généreuse mais équilibrée). Certains vins plus aromatiques conviennent également : optez pour un vin à base de sauvignon, de pinot gris, de riesling ou de viognier.

Évitez les vins rouges très tanniques qui s'accordent mal avec le piment et les épices. Choisissez des rouges légers et frais, élaborés à partir de cépages comme le gamay, la syrah, le sangiovese ou le tempranillo, par exemple.

Quant aux vins rosés, ils constituent une excellente solution intermédiaire. Ils s'accordent parfaitement avec la cuisine asiatique, car leur légèreté, leur côté fruité et leur absence de tannins conviennent aux mets épicés.

la bière

Les apparences sont trompeuses : la bière n'est pas toujours facile à marier avec la cuisine asiatique. Nous proposons des bières japonaises car elles ne contiennent pas trop de houblon et sont peu pétillantes, ce qui en fait de bons partenaires des plats. Elles possèdent aussi un certain caractère qui leur permet de lutter avec les épices. Évitez les bières courantes, décevantes ; optez plutôt pour les bières particulières, ayant de la personnalité, fortes (au minimum 5 % Vol. d'alcool) et qui s'harmonisent avec les goûts corsés. Les bières brunes, qui tendent à dominer les saveurs subtiles et les parfums délicats, sont à éviter.

le saké

Le saké a du caractère, des arômes, de la puissance et convient parfaitement à la cuisine wagamama. Tout comme le xérès manzanilla et fino (essayez avec les nouilles, vous en serez étonné !), le saké tient tête aux saveurs épicées et aux notes piquantes. Ils existe une grande variété de sakés et le prix n'est ni une garantie de qualité ni de satisfaction. Lisez bien l'étiquette avant d'acheter. Cherchez le terme *nihonshu-do,* qui indique si le saké est sec ou doux : +15 signifie très sec, – 15 signifie très doux. Entre – 3 et +5, il est neutre. *Sanmi-do* indique le degré d'acidité, allant de 0,6 (pour le saké léger) à 2,8 (pour le saké plus puissant). Saké chaud ou froid ? C'est une question de préférence personnelle. Si vous l'aimez chaud, versez-le dans un pichet ne craignant pas la chaleur et faites le chauffer au bain-marie, sans jamais le laisser bouillir.

Tableau indicatif de cuisson

Température	Thermostat	Chaleur
60 °C	1	
80 °C	2	
100 °C	3	à peine tiède
120 °C	4	tiède
150 °C	5	douce
180 °C	6	modérée
210 °C	7	moyenne
240 °C	8	chaude
270 °C	9	très chaude

Ces indications sont valables pour un four électrique traditionnel. Pour les fours à gaz ou électriques à chaleur tournante, reportez-vous à la notice du fabricant.

Capacités et contenances

1 cuill. à café = 0,5 cl

1 cuil. à dessert = 1 cl

1 cuill. à soupe = 1,5 cl

Tableau des équivalences France-Canada

Poids

55 g	2 onces
100 g	3 onces
150 g	5 onces
200 g	7 onces
250 g	9 onces
300 g	10 onces
500 g	17 onces
750 g	26 onces
1 kg	35 onces

Ces équivalences permettent de calculer, à quelques grammes près, le poids (en réalité, 1 once = 28 g)

Capacités

25 cl	1 tasse
50 cl	2 tasses
75 cl	3 tasses
1 l	4 tasses

Pour faciliter la mesure des capacités, une tasse équivaut ici à 25 cl (en réalité, 1 tasse = 8 onces = 23 cl)

W
eating + positive living
wagamama
2 Souped-up
stock
steam
wok
All ch. openers to have:
ingredient?
aspect - hands etc.
wagamama
wagamama
WOOD ENGRAVINGS
BY
Thomas Bewick
RUBY & LOLA
IN
FORD
wagamama
Ways with noodles
wagamama cookbook
Hugo Arnold

index des recettes

Imprimé à Singapour par Tien Wah Press
Dépôt légal : 2008
301033/01-11005057 septembre 2007